「慰安婦」問題の現在

——「朴裕河《パクユハ》現象」と知識人——

前田 朗 編

三一書房

まえがき

日本軍「慰安婦」問題は、公に議論されるようになってから4半世紀を経た。ところが、議論すればするほど、真相が闇の中に隠ぺいされていくような、とても奇妙な事態が生じている。

「慰安婦」問題とは何だったのか。「慰安婦」の徴集はどのように行われたのか。「慰安所」の実態はどのようなものだったのか。かかわった民間業者は実際に何を行ったのか。日本政府や日本軍の「関与」とは具体的にどのようなことだったのか。日本に責任はあるのか、それともないのか。——激しい論争が行われ、夥しい文献が公表されたにもかかわらず、議論は紛糾し、迷走し、混乱の極地に至っていると言うしかない。

最近の状況を見ても、2014年にはいわゆる「吉田証言」をめぐる朝日新聞記事訂正問題が衝撃的な出来事としてあり、メディアは興奮状態に陥った。しかし、当時の資料や議論をきちんと点検する作業は放置され、真相解明はますます難しくなったように見える。

それに引き続く元朝日新聞記者の植村隆氏に対する異常なバッシング（北星学園大学事件）においても、植村氏が書いていないことを捏造して猛烈に非難したメディアが、実は当時、自ら同じことを書いていたことが判明した。信じがたいほどの無責任さであるが、誰もまともに反省しない。

2015年には、安倍晋三首相が河野談話を否定するために異様な情熱を傾けたかと思うと、否定し葬り去ることができないと見るや、路線を変えて「戦後70年・安倍談話」を発表した。

他方、歴史修正主義が蔓延する中、韓国の文学研究者・朴裕河氏の著書『和解のために』及び『帝国の慰安婦』を、日本のリベラル派が唐突に持ち上げた。韓国人女性が、「慰安婦」を売春婦と誹謗し、日本軍の責任を免除し、問題がこじれた原因を被害者支援団体になすりつける離れ業である。

出版時に韓国ではあまり話題にならなかった著作が日本のリベラル派によって持ち上げられた結果、やがて韓国でも注目されるようになった。そして、「慰安婦」とされたハルモニたちが、名誉毀損の被害者として民事訴訟を行うとともに、刑事告発をした。ソウル地検が朴裕河氏を名誉毀損で訴追すると、今度は日本のリベラル派が興奮状態で「学問の自由、表現の自由」と叫び始めた。こうした事態を本書では〈朴裕河現象〉と呼ぶ。

そして12月28日、日韓外相会談を経て、日韓両政府が「慰安婦」問題について「合意」に達したと記者会見を行った。日本メディアは、政府発表をそのままなぞり、あたかもこれで「慰安婦」問題は解決し、終結したかのごとき雰囲気を作り出した。

しかし、韓国の被害者と支援団体は、河野談話と比較しても後退してしまった日韓合意なるものに批判の声を上げている。

以上のように、２０１６年春を迎えようという現在、「慰安婦」問題は、被害者個人の人権と人間の尊厳の回復という本来のテーマから離れて、日本と韓国の政治的談合をめぐる狂騒のさなかに置かれている。

次から次と新規の話題が奔流のごとく報じられるが、真相の解明も問題の解決もなされることなく、事態は硬直し、加害も被害もうやむやにされようとしている。

なぜこのような事態に陥ってしまったのか。本書は、こうした現状に至る経過を追跡するとともに、真相解明と問題解決を妨げている諸要因を分析することを課題とする。

第一部では、日韓合意とは何であり、それがなぜ解決に達し得ないのかを明らかにすることをめざす。鈴木裕子は、日韓合意の背景と経過をたどりながら、その政治的意味を問う。前田朗は、本来何が問われていたのか、日韓合意では何が隠ぺいされたのかを論じる。さらに、「慰安婦」問題は日韓の外交問題ではなく、より広い意味での国際問題であるので、朝鮮民主主義人民共和国、台湾、オーストラリアからの声を収録した。

第二部では、朴裕河訴追問題を機に、『和解のために』及び『帝国の慰安婦』がいかなる著作であるのか、果たして歴史研究と呼ぶに値するのか否かを検討する。そのために、早尾貴紀、李在承、金富子、前田朗、能川元一の論考をおさめた。朴裕河訴追を受けて韓国で発表された声明の経過についての李娜榮《イナヨン》の解説も収録した。

第三部では、「吉田証言」問題について、かつて実際にインタヴューを行って吉田証言を聞き取ったジャーナリスト・今田真人による再調査と徹底追跡の成果を提示する。朝日新聞による吉田証言の「検証」とは何であったのか、日本軍による強制連行はどのようになされたのかを解明する。

最後に、第四部では、日本における「慰安婦」問題の現状を規定している東アジアにおける植民地主義に焦点を当て、〈朴裕河現象〉の歴史的かつ現在的意味を問う。

徐京植は、「和田春樹先生への手紙」という形で、知識人が「慰安婦」問題に象徴される日本植民地主義から目を背け、歴史を否認する姿勢を固めてきたことに警鐘を鳴らす。

前田朗は、朴裕河訴追に抗議する日本「リベラル派」の声明を検討し、彼ら彼女らが植民地主義から自由になれず、自らの特権に安住していることを批判する。


「慰安婦」問題は解決していないだけでなく、日韓合意によって解決をはるかかなたに遠ざけられてしまった。

しかし、これまでの4半世紀の調査・研究・運動によって、国際社会から適切な解決の提案が示されてきた。

同じように、今後も的確な事実認定に基づいた議論を継続することによって、中途半端な隠ぺいを許さず、真の解決を求め続ける被害女性と支援団体の運動に伴走しつつ、戦時性暴力、女性に対する暴力、人道に対する罪の責任を問う知的営為が続けられるだろう。本書もその一翼を担うことを願う。

「慰安婦」問題の現在　もくじ

第一部　問われる日韓「合意」

解決には程遠い今回の日韓「合意」

鈴木 裕子

『東京新聞』２０１５年12月30日の記事によれば、２０１５年12月28日、日韓両国政府は、旧日本軍「慰安婦」（性奴隷）問題で、合意に至ったとし、「最終的かつ不可逆的」な解決が図られたとし、安倍首相の言を伝えた。安倍氏は自画自賛し、こう述べた。

「子や孫、その先の子どもたちに、謝罪し続ける宿命を背負わせるわけにはいかない。70年目の節目に最終的、不可逆的に解決することができた」と。

本書の読者には、２０１５年８月14日の「安倍談話」を思いおこしていただきたい。右の言葉を字義通り、受け取ることができるだろうか。１９９３年の「河野談話」や、95年の「村山談話」を常に否定的に捉え、「慰安婦」の強制はなかったとしてきた安倍氏は、被害者への真の謝罪や法的賠償などに対し、まったく消極的であった。河野談話や村山談話に、わたくしは一定程度の良心は認めるが、そもそもいずれも法的責任や国家責任は回避しているのである。

社会党委員長の村山富市氏を担いだ自由民主党は、社会党のいわば党是であった自衛隊違憲・安保廃棄とともに個人・国家賠償政策を放棄、被害者への「見舞金」（のち償い金）支給で、「解決」を図ろうとした。この結果つくられたのが、女性のためのアジア平和国民基金（以下「国民基金」、「アジア女性基金」）であったが、これは、韓国や台湾の被害者や支援団体の猛反対を受け、結局失敗に帰してしまった。

1　日韓外相会談での「合意」

安倍内閣の誕生で右翼的潮流・戦争国家化が強まる

安倍首相が第一次内閣を発足させ、一年余で挫折、民主党政権に代わったものの、沖縄の基地問題で迷走（もっとも米国の圧力に、負けたといえる）し、ふたたび安倍氏が第二次内閣を組織した。その間、橋下徹大阪市長の「妄言」や、元文科相の中山成彬氏らの反「慰安婦」的な主張が強くなり、「在日特権を許さない市民の会」などが、暴力的な言動を各地で繰り広げ、いわゆる「ヘイト・スピーチ」が蔓延した。戦争国家化、治安国家化の流れも加速している。

「日韓合意」の内容

昨2015年、安倍政権の岸田文雄外相と、朴槿恵政権の尹炳世外務部長官が共同記者会見した。岸田外相は、①「慰安婦」問題は、当時の軍の関与のもとに、多数の女性の名誉と尊厳を傷つけたもので、日本政府は責任を痛感、②日本政府は、今般、日本政府の予算により、元「慰安婦」の方がたの「心の傷を癒す」措置を講じる。韓国政府が財団を設立し、これに日本政府の予算で資金を一括して拠出、③日本政府は、上記の措置を着実に実施し、今回の発表により、「慰安婦」問題が最終的、「不可逆」的に解決されることを確認する、あわせて日本政府は、韓国政府とともに、今後、国連等国際社会で互いに非難・批判することを控える、と述べた。

一方、尹長官は、①韓国政府は、日本政府の今回の発表に至るまでの取り組みを評価、日本政府が表明した措置が実施されるとの前提で、「慰安婦」問題が、最終的にかつ「不可逆」的に解決されることを確認、②韓国政府は、日本政府が在韓日本大使館の前に建立された「平和の碑」（少女像）に対し、「公館の安寧・威厳」の維持の観点から懸念していることを認知し、韓国政府として、関連団体との協議を行い、適切に解決されるよう努力、③韓国政府は、以上に述べた措置が着実に実施されるとの前提で、今後、日本政府とともに国連等国際社会で互いに非難・批判することを控える、とした。

2　日本国内での与野党の反応

自民党の見解

一見してわかるように、これは安倍外交の勝利である。まず日本国内での与野党の当初の見解を瞥見しておこう。与野党を通し、この「日韓合意」は概ね評価された。自民党では、「合意」を評価する意見が出る一方、韓国側が「合意内容」を確実に履行するよう求める声も相次いだ。稲田朋美政調会長は、「少女像」の撤去がこの問題の解決の大前提と強調した（『毎日新聞』２０１６年1月6日）。これはこの党の見解ともいえる。

公明党の見解

また自民党と政権を組む公明党の山口那津男代表は、12月28日夕、記者団に、①「慰安婦」問題が「最終的に、不可逆的」に解決されることは非常によいこと。これを機に日韓関係が発展、深化に向かうことは間違いない。政府の尽力に対して敬意を表する、②人道的、道義的な見地から苦しむ人がいれば、両国政府が協力して政治的に解決を図るのは当然、③東アジア地域の平和と安定のために、日韓と米国も含めた協力関係がさらに強化され、日韓が抱える大きな問題の解決に見通しが立ったことで、安全保障の取り組みの土台ができたと述べた（『公明新聞』２０１５年12月29日）。

平和の党として結党されたものの、与党になって久しい公明党の今日の立場がよく示されているといえよう。日韓の「壁」になっていた「慰安婦」問題の「解決」（後述するように、この「合意」では、問題は解決されない）を機に、日韓米による東アジア支配の「覇権」確保への下心が読み取れよう。もとより自民党も、同様の見解を有する。というより公明党が率先して、自民党の軍拡路線・東アジア戦略の補完の役割を果たしているものといえる。

民主党の見解

他方、野党第一党の民主党・長島昭久ネクスト外相は、12月28日の政策調査会で、安倍政権のもとで、冷え切った日韓関係を乗り越え、両国が外交努力を通じて歩みより、「合意」に至ったことは意義深い、これを踏まえ、未来志向の日韓関係をめざし、建設的な対応を期待し、歴史を直視し、日韓関係の深化に努力すると、言明した。

日本共産党の見解

12月29日、日本共産党の志位和夫委員長は、次のように述べた。日本政府が「慰安婦」問題において「軍の責任」の関与を認め、「責任を痛感」していると表明した。安倍首相は「心からおわびと反省の気持ちを表明」するとした。そのうえで「日本政府が予算を出し、韓国政府と協力して、被害者の名誉と尊厳の回復」「心の傷」の「癒し」のための事業を行うと発表、これは問題解決に向けての前進と評価。

わたくしは、率直にいって、この志位氏の談話に疑問を持っている。後述するように、今回の両国政府の「合意」は、両国の国内世論や支援団体そして最も大切な被害者の声に耳を傾けていないことを問題視していないからである。

維新の党の見解

12月28日、維新の党、今井雅人幹事長は、「慰安婦」問題は、1965年の日韓請求権協定などで「完全かつ最終的」に解決済みとする日本側と韓国側の平行線の中、今回朴大統領から、問題を蒸し返さないとの言質を得たことを評価。しかし、今回の日韓外相会談の成否は、韓国政府による被害者とその支援団体の説得が進むか否かにあり、「少女像」の撤去がその試金石になると言明した。

日本のこころを大切にする党の見解

12月28日、「日本のこころを大切にする党」代表中山恭子氏は、次のような内容の談話を発表した。

今回の「合意」が、未来志向の日韓関係をめざして努力するものと認められる。しかし、今回の両国外相会談の共同記者発表は、安倍外交の「汚点」となり、大いなる失望を感じる。岸田外相は、「当時の軍の関与」のもとに、と発言しているが、いかなる歴史的事実に基づいたものか、また「少女像」の撤去についても確約がなされていない。この像のために海外の日本人の子どもたちがいわれのない虐めにあっている現状についての対策をいかに図るのか、日韓外相の共同記者発表は、「種々の問題点を包含」する内容である。「日本のこころを大切にする党」としては、「日本の正しい歴史及び日本人の名誉を守るため、今すぐ政府として史実を明確にする」ことを求め、「今回の日韓外相の共同記者発表に強く抗議」すると強調した。

この中山談話は、かつての植民地支配への反省の念は、一片もなく、加害国当事者がかえって「被害者」意識にとりつかれている点において典型的である。「慰安婦」政策の大きな一因に、日本帝国主義による植民地支配があったことを不当に無視しているものでもある。

3　安倍首相サイドの対応

安倍首相シンパからの反発

安倍首相を支持するグループでも、反応はねじれた。2016年1月6日付『東京新聞』は、篠ケ瀬祐司記者名で、「慰安婦問題　日韓合意　国内反応ねじれ」として、次のように報じている。「『ねじれ』が極だったのは安倍首相のフェイスブック」「普段は首相への激励や支持、好意的なコメントが多く書き込まれる」。しかし、「慰安婦」問題の合意が発表された当日、早くも「あなたを支持する保守層を裏切るような対応は許せない」などの声が寄せられ、韓国側が合意を覆す恐れや、「慰安婦」問題は、1965年の日韓請求権協定で解決済みとしてきた日本政府が、10億円を拠出することへの反発が目立ったという。

1月5日の首相の伊勢神宮参拝に関する書き込みでも、激励に交じり、「日韓合意」で旧日本軍の関与を認めたことなどを厳しく批判する書き込みがみられた。

続いて1月9日付『東京新聞』は、「こちら特報部」の「首相と右派　蜜月揺らぐ？　日韓合意」の記事で、8日夕、東京・永田町の首相官邸前で、右派系政治団体の「頑張れ日本！　全国行動委員会」は、「われわれはこれまでずっと安倍政権を応援」「それなのに安倍さん。慰安婦の日韓合意は歴代総理でも最低で最悪の愚行」「英霊や先祖の名誉と誇りを傷つけた」とし、さらに政府が「軍の関与」などといい、「安倍さんが『心からのおわびと反省』を表明する」ので誤解された、子孫にまで禍根を残す結果を招いた責任は首相にある、と批判。ちなみに2010年設立の同団体の決起集会には、当時野党議員であった安倍氏が講演を行うという間柄であった。

安倍シンパからの「合意」に対する糾弾の声は、右派・国体思想の歴史観を全面に打ち出す「新しい歴史教科書をつくる会」の藤岡信勝副会長（元東大教授）も「国益に反する行為」「慰安婦は登録制の営業として正式に認められた制度」「軍の関与で尊厳を傷つけた」と表明したことで、世界中の人が、「慰安婦」は性奴隷であるかのような認識を持ってしまった、と非難。もとよりこの右派グループと安倍首相の歴史観は、根底で軌を一にしていると考えられる。安倍氏は、政治戦略から、この「合意」を妥結させたのである。

安倍ブレーンは、政治的見地から「合意」に一定の評価

同じ安倍支持派でも、首相ブレーンは評価した。しかし、安倍シンパとブレーンの歴史観は根底において軌を一にしているのは言うまでもない。政府の男女共同参画会議委員の高橋史朗明星大教授は、「最終的かつ不可逆解決」を世界に向けて発信できたことは「大きな外交的成果」と評価、「今後、日本政府は国連など国際社会で徹底して事実を提示し、確認すべき」と主張した。ただ高橋氏は、1996年頃、軍の関与は善意の関与と主張していた人で「慰安所」政策を肯定的に表明していたと、わたくしは記憶する。

同じく首相ブレーンで、「慰安婦」記述や、日本の戦争責任などを論及していない育鵬社の歴史・公民教科書の普及を精力的に進めている八木秀次麗澤大学教授（日本教育再生機構理事長）は、日本の安全保障を最優先した賢明な判断と褒めあげ、「今回の合意」は、中国の台頭や北朝鮮の核の脅威に対し、日米、米韓の同盟強化を図る米国の仲介でなされ、安倍政権は、大局的な見地から、合意す

べきと判断した、と推測。この言はまさしく安倍首相の意図するところを衝いていよう。安倍政権やブレーンたちからすれば、このたびの「合意」は、人権尊重の立場は表向きで、八木氏の言うように、米国との同盟関係を強化し、東アジアでの戦略的・覇権的見地から、政治的判断をした安倍首相を評価したということでしかない。

4　日本市民団体、知識人・法律家たちの反応

「慰安婦」問題解決のための市民団体の反対・抗議運動

この間、被害者や、韓国の支援団体・挺身隊問題対策協議会とともに解決のための運動に取り組んできた日本の市民団体は、「日韓合意」が、真に女性の人権を重視し、回復することにおいて、日韓両政府、とりわけ日本政府が、被害当事者の意思や声に耳を傾けず、政治的妥協をもって政治決着で片をつけることに反対の意思表示を示し、反対行動を展開している。15年12月29日の日本軍「慰安婦」問題解決全国行動、12月31日の「女たちの戦争と平和資料館」(wam)、16年1月6日の「慰安婦」問題解決オール連帯ネットワークや「慰安婦」問題の立法解決を求める会などが声明書などを発表、また15年12月30日、弁護士有志30余人による声明が出された。

日本の支援団体の声明は、概ね、被害当事者の意思を問わず、政治決着に急ぎ、責任を曖昧にした

まま、「国民基金」（アジア女性基金）の時のように、金銭での「表面的解決」で糊塗し、実際は、問題の「隠ぺい化」「複雑化」を図るものであるとまとめられる。

紙幅も限られており、ここでは問題点を簡潔に指摘している「『慰安婦』問題の立法解決を求める会」の見解を紹介する（「慰安婦」問題の立法解決を求める会ＮＥＷＳ57号２０１６年1月10日、参照）。

①「心からおわびと反省の気持ちを表明する」の文言の繰り返しは、宮沢喜一政権の92年1月の加藤紘一官房長官談話以来、変化がなく、被害当事者が求める謝罪には至っておらず、文言のみにとどまっている。

②日本政府予算で、10億円を拠出するというが、被害者が望んでいるのは、公的謝罪と法的賠償であり、札束で「解決」すると思うのは、傲慢であり、「国民基金」の二の舞になる恐れがある。

③被害者の声に直接耳を傾けることなく、日本政府が昨年6月以来、韓国当局と折衝を重ねて行ってきた、外交当局同士の妥結、「解決」だけでは、本質的解決には至らないといえる、というものである。

弁護士有志、知識人、市民たちの批判

12月30日、弁護士有志は、法的見地からこのたびの「日韓合意」について検討。「合意」は、問題が先送りされており、「解決」には日韓両政府、両国市民の取り組みにかかっていると指摘。さらに、日本軍「慰安婦」被害の実態を究明し、この事実を世界に伝え、後世に継承させていくことは、日本

政府が事実と責任を認め、謝罪の意思を有していることを示し、真に人権が保障される社会を築く決意の表れであり、日本を貶めることではない、という趣旨の声明を発表した。

日本の良心的な市民・知識人たちも、疑問や批判の声を上げた。元朝日新聞記者で、現桜美林大学教授の早野透氏は、『朝日新聞』デジタル版1月5日付「新ポリティカにっぽん」で、年末の「慰安婦」問題をめぐる「日韓合意」は、その昔、日本軍が無理やり韓国女性を「慰安婦」にしてしまった、何とも無残な歴史の記憶。これでちゃんと謝罪したことになるのか。韓国の「慰安婦」被害当事者たちや、それを支える市民たちの間にも日韓政府の政治的決着に強い反対の声が出てきた。「それはそうでうなづける」というしかない。「私たちはこれで一件落着などと思いたくない」。日韓交渉がどのように推移しても、せめて私たちは、その女性たちの体験を聞き返し、読み返し、忘れたくない。自分の思いのなかに歴史と罪責をとどめておきたいと指摘した。

マスコミは、概ねこの「合意」に対して、一部を除き、肯定的に報道した模様である。

この間、安倍政権に対し、安保法制、集団的自衛権問題などで、批判の論陣に立ってきた『東京新聞』さえ、この「日韓合意」については、「社説・『妥結』の重さを学んだ　従軍慰安婦問題合意」で肯定的に評価した（15年12月29日付）。その論点は、①日韓双方の背中を押したのは米国で、オバマ大統領は韓国に対し歴史問題にこだわるばかりでは日韓米の共助体制が崩れていくことを批判、一方で戦時下の女性に対する性暴力は深刻な人権侵害として日本側に解決を迫った、②両政府が歩み寄り、「妥結」にこぎつけた、重く胸に刻みたい。ここ数年顕著になっている「反日」「嫌韓」という風潮を変えていかねばならない、③韓国政府には1965年の日韓条約を尊重して、韓国の憲法裁判所などが下した司法判断とは一線を画するように望むが、日本側も、とりわけ政治家には歴史認識をめぐる発言に慎重さが必要、と主張した。

一読して、この社説氏は、韓国朝鮮に対する植民地支配や戦争責任・戦後責任に対する認識が薄弱に思われる。このような日本のマスコミ報道によって、海外にも「合意」が肯定的に伝えられ、受け取られた。また日本市民の間にも、あたかも「慰安婦」問題が、これで解決との意識を醸成した。その一端として、時事通信が1月8〜11日に実施した世論調査によれば、安倍内閣の支持率は前月比4％増の45・2％、不支持率は同4・2％減の31・5％で、昨年末の「日韓合意」への評価が支持率増加に繋がったと思われる（『東京新聞』16年1月16日付）。右のような支持率アップを背景に同日、安倍氏は公明党幹部らと東京都内の寿司店で会食し、「日韓合意」で、「俺がやるしかなかった」と豪語し、自信満々の姿をみせたようである（『東京新聞』1月17日付「首相『俺がやるしかなかった』日韓合意めぐり」）。

しかし、前記の早野氏のように、的確に「日韓合意」の矛盾や問題点を指摘した知識人や日本市民の存在に留意したい。

例をあげると、上智大教授中野晃一氏は、今回の「合意」で思い出したのは、第一次安倍政権の時の2007年4月、首相が訪米、米国下院などで、「慰安婦」問題について日本政府が誠実な謝罪を行うべきとした決議案が提出されていた折、安倍氏がブッシュ大統領や米議会関係者に「おわび」を表明、大統領が「首相の謝罪を受け入れる」と応じた、奇妙なやりとりだった、とし、今回は韓国政府が相手なのですこしましに見えるが、当事者を置き去りにした「手打ち」でしかない、元「慰安婦」被害者から早速批判が噴出、さらに「平和の碑」（少女像）撤去が10億円拠出の前提であるかのような報道が、火に油を注いでいると批判している（「紙つぶて　勝手に決めないで」『東京新聞』16年1月12日付）。

また同紙の1月14日付には、一読者（茨城県女性・73歳）から「少女像の撤去　政府要求は日本の恥」という投書が寄せられ、少女像は「被害を受けた女性たちの苦痛を次の世代に繋ぐ大切な標」「首相の要求は、日本人としてとても恥ずかしく、思い上がりも甚だしい」ものとの批判が掲載された。

さらに前述したように、このたびの「合意」の陰には、米国の深い介入がある。在米の米山リサトロント大学教授は、「今回の日韓合意」を米国は高く評価した、と指摘。米国が日本に韓国との「和解」を勧めるのは、自衛隊に米軍の肩代わりをしてもらうにはアジアの同盟国の理解が必要と考えているから、と言う（『戦える国』に変質　言わねばならないこと」『東京新聞』1月14日付）。わたくしも同感である。要するにこのたびの「日韓合意」は、米国政府の意向を強く受け、被害当事者の意思を無視して日韓両政府が政治的に妥協した政治的産物に他ならない。

もとより被害当事者、支援団体の挺身隊問題対策協議会はじめ、韓国市民の世論も、この政治的妥結に批判的で、1月14日、韓国の市民団体関係者ら約124人が「元慰安婦の訴えが反映されず、屈辱的な合意」として「無効化」を求める全国運動の発足式をソウルで開催。挺対協など383団体と、個人約３００人が運動に参加した（「慰安婦〔日韓合意〕『無効』で全国運動」（『東京新聞』1月15日付）。

事情に疎い日韓以外の海外諸国には、日本のマスコミ報道や日本政府の工作を通して、概して好意的に受け止められた。しかし、韓国世論、特に被害当事者、挺身隊問題対策協議会は、以上にみたように猛反対している。これらについてはもうスペースがなく、ここでは詳論できない。後日の課題とするしかない。

いずれにしろ、この「合意」では、「慰安婦」問題は解決できず、混迷を深めるだろう。わたくしたち日韓市民が、歴史認識について互いの理解を深め、連帯していくことこそ、真の「和解」と結びつく。また、日本政府に本気で「慰安婦」問題はじめ、戦争・戦後責任を履行させていくしか、解決の道は開かれない。

いま何が問われているか

前田　朗

ふたたび紛糾する「慰安婦」問題

２０１５年の終わり、日本と東アジアはまるで巨大な竜巻に見舞われたようである。「慰安婦」問題が紛糾と空転を続けている。

２０１５年11月、ソウル地検が、「慰安婦」被害ハルモニの名誉を毀損しているとして『帝国の慰安婦』の著者・朴裕河を訴追し、日本メディアは騒然となった。朴裕河を持ち上げてきた一部の知識人も大騒ぎであった。被害者が告発したために検察が動いた、単純な出来事に過ぎないが、事柄が「慰安婦」問題だけに一気に政治化する事態となった。続いて、同年12月28日、日本政府と韓国政府が「慰安婦」問題の「最終的かつ不可逆的解決」に達したと発表し、両国で議論が紛糾することになった。その余波は、朝鮮民主主義人民共和国、台湾、フィリピンにも波及する一方、アメリカ合州国政府が支持・歓迎を表明するなど、政治騒動が地球を一周した。

被害女性ハルモニたち、及び韓国と日本の市民団体や研究者からは厳しい批判が発せられた。日韓「合意」は、被害者の声に耳を傾けることなく、東アジア各地における「慰安婦」問題の解決に取り組んできた市民運動の意見を真っ向から否定するものであった。それは国際法の理念に照らしても、日本国憲法の理念に照らしても、許されるはずのない「野合」であった。かつて失敗した「アジア女性基金」の再来ともいうべき事態である。年が明けて、2016年1月13日、ソウル東部地裁は、先行していた民事訴訟において、慰安婦被害者を「軍人の戦争遂行を手伝った愛国少女」「自発的な売春婦」などと表現したことを理由に、朴裕河が「否定的かつ衝撃的な表現で原告の名誉を著しく侵害した」として、被害者への損害賠償を命じた。これに対して、朴裕河は自著のデータをインターネット上に公開し、裁判所と被害者を非難攻撃する挙に出た。

解決を遠ざけた日韓合意

2015年12月28日の「日韓合意」は、「慰安婦」問題の解決をさらに遠ざけるものであった。日本政府は、①「河野談話」を引用し、「日本政府は責任を痛感」、「安倍総理は内閣総理大臣として」謝罪することとし、②日本政府が拠出する10億円を財源として、韓国政府が財団を設立し、被害者の「名誉と尊厳の回復、心の傷の癒しのための事業」を行い、③これらの措置を着実に実施するとの前提で、「慰安婦」問題が「最終的かつ不可逆的に解決されることを確認する」ことになった、という。

韓国側からは、韓国政府がソウルの日本大使館前の少女像の移転に努力する等が表明された、という。マスメディアは「最終的かつ不可逆的解決」という日本政府の主張を大々的に報じた。各紙社説も識者コメントも日本政府を支持するものが大半であった。

しかし、当事者であるハルモニたちは「私たちの意見も聞かないで、政府が勝手にした合意は認められない」、「私たちはお金よりも名誉を回復してもらいたい」、「全部無視する。もう一度やり直してほしい！」と反発している。翌日以後、各紙はハルモニや韓国市民の声も伝えるようになったが、主流の論調は明らかに「国家」の目線に立って書かれている。

「慰安婦」問題の解決を求めてきた市民運動体や研究者の間でも、評価は微妙に分かれている。安倍首相の過去の言動や戦後70年談話をもとに考えれば、意外な譲歩をしたとも言えるからだ。全面的に批判する論者もいるが、一定の評価をする論者も少なくない。安倍政権に譲歩させたのは運動の成果であるという受け止めである。

「日韓合意」を評定するためには、第一に、被害者がどのように受け止めたか、が重要である。被害者抜きの和解は論理矛盾である。被害者に相談もなしに国家間で「合意」をするやり方は、アジア女性基金の失敗を繰り返す愚策となる恐れがある。

第二に、安倍首相のこれまでの姿勢、及び今後の対応がどのようなものであるかも改めて確認する必要がある。歴史の事実を否認し、責任を否定してきた安倍首相が自らの言葉ではなく、外務大臣に語らせる「責任」とは何であるのか。

第三に、日韓のみならず、東アジアにおいて、ひいては国際社会においてどのような意味を有するか、を見定める必要がある。すでに朝鮮民主主義人民共和国が厳しい批判を表明している。台湾政府は日本政府に対して、韓国におけるのと同様の措置を求めた。フィリピンの被害者団体も立ち上がり、中国メディアでも意見が噴出している。

評価の基準として重要なのは、4半世紀にわたって論議され、解明されてきた国際人権法の知見である。「慰安婦」問題は戦時性暴力、戦時性奴隷制の問題である。「慰安婦」問題とともに議論された旧ユーゴスラヴィアの民族浄化は、「人道に対する罪としての戦時性暴力」が犯罪として裁かれた。ルワンダのツチ・ジェノサイドでは「強姦によるジェノサイド」が裁かれた。国際人権機関における議論では、「慰安婦」問題はこれらと同様に、国際法に違反する重大人権侵害であり、日本政府に法的責任がある。それゆえ公式謝罪と賠償を行うべきであると指摘されてきた。国連人権理事会の普遍的定期審査、さらには国際自由権規約委員会、国際社会権規約委員会、女性差別撤廃委員会なども日本政府に解決を求めてきた。

ところが、日本政府は歴史の事実を歪曲し、法的責任を逃れつづけ、被害者を再び侮辱する挙に出た。人間の尊厳の回復を求めてきた被害者に対する新たな侮辱がなされている。日韓合意は最終的解決とは言えないのに、マスメディアは日本政府の「最終的かつ不可逆的解決」という主張を既成事実であるかのごとく報道している。それによってマスメディアも人間の尊厳の抑圧に加担している。

歴史修正主義の蔓延

「慰安婦」問題が浮上した1990年代には、メディアも研究者も真相解明と日本政府の責任をめぐって前向きに取り組んでいた。

しかし、その後、日本の責任を否定し、被害女性を侮辱し、真相を闇に葬ろうとする歴史修正主義が勢いを増した。とりわけ、第一次安倍政権期に、「慰安婦の強制連行はなかった」として事実を否定する論法が政治の表舞台に登場した。安倍晋三首相発言は国際的批判を招きよせ、結局、安倍首相がブッシュ大統領に謝罪する奇妙な形で、この問題はいったん落ち着いた。

いったん後景に退いた感のあった「慰安婦」問題がにぎやかに論じられるようになったのは、安倍首相の復活により第二次安倍政権が発足して以後のことになる。

日米軍事同盟の強化を前面に掲げて、日本国憲法の平和主義をないがしろにし、集団的自衛権行使を強引に実現しようとする安倍政権は、他方でNHK会長人事をはじめとする硬軟両面のメディア工作によってマスメディアが政権を翼賛する体制を作り上げることに成功した。公共の電波や紙面を用いて安倍政権を翼賛するメディア体制ができあがるにあたっても、「慰安婦」問題が見事に利用された。

朝日新聞記事訂正事件は、実に唐突であり、メディアとしてはあまりに稚拙な自殺行為であった。しかも、政権との癒着の帰結であったことが、当時から見抜かれていたし、その後の経緯もこの観測を裏付ける。

安倍政権の責任回避とメディア操作、朝日新聞記事訂正事件、それに端を発した北星学園大学事件を通じて、メディアや社会意識の中でも「慰安婦」問題を忘却に任せようという風潮が強まってきた。朴裕河『帝国の慰安婦』は、こうした風潮に便乗し、さらに促進する役割を果たした。『帝国の慰安婦』は歴史の事実を歪曲し、日本政府の責任を解除する論法を繰り広げているため、責任を否定・軽減して安堵したい一部知識人によって盛んに持ち上げられたのである。

問題の本質

本書の主題は、第一に、日韓合意とは何かの検討である。第二に、朴裕河の著作――主に『和解のために』及び『帝国の慰安婦』――が「慰安婦」問題に及ぼした影響である。第三に、朝日新聞記事訂正問題とは何だったかの検証である。

端的に言えば、「慰安婦」問題の解決を妨げるために次々と繰り出された学問的誤謬とジャーナリズムの腐敗が、日韓合意への地ならしの役割を果たし、日韓合意以後はその宣伝に奔走していることの確認である。

そこでは「慰安婦」問題の歴史を歪曲し、被害事実を矮小化し、日本の伝統や文化を誇る捏造史観が全面的に展開されている。「慰安婦」問題とは何であるのか、その歴史的な本質が隠ぺいされる。何が問われているのかが見えなくなる。

問われているのは「慰安婦」問題の本質である。それは日韓の外交問題として報じられているが、それだけに限定して理解するべきではない。

第一に、「慰安婦」問題は、戦時性暴力であり性奴隷制である。日本帝国主義が植民地及び占領地において行い、関与した重大人権侵害であり、戦争犯罪、人道に対する罪である。それゆえ、重大人権侵害を受けた被害者が尊厳の回復を求めてきた。日本と韓国という国家間の政治決着で済ませてよい話ではない。被害者抜きに「政治決着」をつけようとしても、「慰安婦」問題は終わらない。それゆえ、日韓合意は虚妄の合意に過ぎないし、朝日新聞記事訂正問題も朴裕河の『帝国の慰安婦』も、問題の所在を見えなくさせる役割を担っていることを見ておく必要がある。

第二に、「慰安婦」被害者は「主体」として立ち上がった。長年にわたって沈黙を余儀なくされてきた被害者が、自ら権利の主体として、尊厳の主体として、抗議行動を行い、謝罪と賠償を求め、再発防止を訴えてきた。日本政府が撤去を要求している「少女像」は、ハルモニたちの歴史と痛憤と自立と闘いのすべてを表現している。被害者の主体性を剥奪して、改めて侮辱したのが『帝国の慰安婦』であり、日韓合意である。

第三に、被害者は韓国人だけではない。朝鮮民主主義人民共和国、中国、台湾、フィリピン、インドネシア、東ティモール、オランダの被害女性たちも、尊厳の回復、日本政府による謝罪と賠償を求めてきた。日本政府とメディアはあたかも日韓の外交問題であるかのごとく描き出そうとするが、「慰安婦」問題は東アジア・太平洋地域における広範で組織的な犯罪である。『帝国の慰安婦』は、韓国の「慰安婦」と東アジア各地の「慰安婦」を分断しようとする役割を果たしている。

被害者は何を求めたか

16年1月13日の民事訴訟判決の後、原告のうち3人が、地裁前で記者会見し、「われわれは韓国人として強制的に連れて行かれた」と主張し、「二度とこうしたことが起きないよう要求したい」と訴えた。

「ナヌムの家のアン・シングォン所長は『被害者たちは当然に出てくるべき結果だとして満足した。被害者たちは朴教授が今からでも被害者に謝罪して本を回収すれば、許して刑事告訴を取り下げる用意がある』と被害者たちの反応を伝えた」という(『ハンギョレ新聞』16年1月14日)。

4半世紀にわたって被害者は尊厳の回復を求めてきた。人間の尊厳は、世界人権宣言や国際人権規約に盛り込まれた現代国際人権法の基本概念である。日本国憲法も個人の尊重及び個人の尊厳を踏まえている。

被害者の尊厳の回復のためには、①歴史の事実の認定、②日本政府による公式謝罪、③国家賠償、④責任者処罰、⑤再発防止のために歴史教育で教えること等が必要である。このことは1990年代から、何度も確認されてきたことである。被害者が日本の裁判所に提起した損害賠償裁判においても、被害者や支援者は一貫して尊厳の回復を求めてきた。

国際社会からも日本政府に対して問題を解決するよう勧告がなされたが、そこで強調されたのは、被害者の尊厳の回復と、被害者が受け入れることのできる解決の必要性であった。

国際社会の視線

「慰安婦」問題が戦時性奴隷制問題であり、戦争犯罪や人道に対する罪にあたることは、１９９０年代における国際的議論の結果、決着がついて確定した。国連人権理事会において「女性に対する暴力」、「奴隷制の現代的諸形態」、「戦時性奴隷制」などのテーマで議論がなされた。

当初、日本政府は、政府が「慰安婦」「慰安所」に関与した事実を認めなかった。ところが、関与の事実を認めざるを得なくなるや、サンフランシスコ講和条約や二国間条約によって解決済であると主張した。「事実を認めていないのに解決していた」という奇奇怪怪の論理である。

１９９６年4月の国連人権委員会は、ラディカ・クマラスワミ「女性に対する暴力特別報告者」による『慰安婦報告書』を日本政府を含む全会一致で採択した（筆者らによる邦訳は、クマラスワミ『女性に対する暴力』明石書店、２０００年）。

最近になって、日本政府はいわゆる吉田証言に関する朝日新聞記事訂正を奇貨として、クマラスワミ報告書に誤りがあると主張し、クマラスワミ特別報告者に訂正を求めるという異常な行動をとった。クマラスワミ報告書が吉田証言を引用しているのは事実であるが、吉田証言の裏付けとなる文書資料がないことは当時から指摘されていて、日本政府も熟知していた（ただし、強制連行に関する文書資料については本書今田真人論文参照）。それにもかかわらず、日本政府は国連においてクマラスワミ報告書の採択に賛成した。20年近く後になって、しかも国連人権委員会が存在しなくなってから、訂正を求めるという無理難題を吹っ掛けたのである。実際には、クマラスワミ報告書の信頼性を疑わせるための国内向け宣伝であったとみるべきだろう。

クマラスワミ報告書は、１９９３年の国連女性に対する暴力撤廃宣言に従って、国家による女性に対する暴力を定義し、それゆえ日本軍慰安婦についての日本軍の関与を認定した。その上で、国際慣習法としての奴隷と奴隷取引の禁止、１９１０年の白色奴隷条約（醜業条約）、１９２９年の強制労働条約など当時の国際条約違反の事実を認定した。

１９９８年8月の国連人権委員会差別防止少数者保護小委員会は、ゲイ・マクドゥーガル「戦時性暴力特別報告者」による『慰安婦報告書』を全会一致で採択した（筆者らによる編訳は、『戦時・性暴力を裁く──国連マクドゥーガル報告書』凱風社、１９９８年、増補版２０００年）。マクドゥーガル報告書は、国際慣習法としての奴隷と奴隷取引の禁止、戦争犯罪の禁止、人道に対する罪の禁止に照らして、日本軍による犯罪を認定し、責任の所在をより明確にした。

この時期、日本政府は、「戦時における強姦は犯罪ではない」とか、「奴隷の禁止は当時の国際慣習法ではなく許されていた」、という主張をして国際社会の失笑を買った。

こうして「慰安婦」問題の国際法が解明された。それは当時の国際人道法に違反するとともに、現代国際人権法にも違反する。

同じことを、アジア各国の被害女性たち、支援団体、日本の女性運動が総力を挙げて取り組んだ女性国際戦犯法廷が再確認した（ＶＡＷＷ　ＮＥＴ―Ｊａｐａｎ編『女性国際戦犯法廷の全記録Ⅰ・Ⅱ』緑風出版、２００2年）。

言論と学問の自由をめぐって

韓国でも日本でも、メディアや一部の知識人たちは、朴裕河訴追問題を言論の自由や学問の自由の問題として受け止め、「言論の自由を守れ」「学問の自由を守れ」と合唱した。わざわざ記者会見を開いて、ソウル地検による朴裕河訴追を暴挙と非難する例まで見られた。

しかし、出来事を正しく評価するためには、名誉毀損があったか否かを確認しなければならない。名誉毀損があったか否かを判断するためには、『帝国の慰安婦』に何が書かれていたのか、そしてその記述には合理的な根拠があるのか否かを明らかにしなければならない。

ところが、メディアも一部の知識人も、『帝国の慰安婦』の内容を吟味することなしに、無条件の言論の自由と学問の自由を唱えた。学問なら何を書いてもよいと主張しているのだ。

ここには特権的エリートであるジャーナリストや知識人の傲慢さが顕著に表現されている。

かつて性奴隷にされ、苦難の人生を沈黙の中にすごした被害女性たちが半世紀の歴史を隔てて立ち上がり、「私の尊厳を返せ」と主張したのが「慰安婦」問題である。ここでは何よりもハルモニたちの名誉と尊厳が主題となっている。その名誉と尊厳に砂をかけ、ハルモニたちの傷に泥を塗りこもうとしたのが『帝国の慰安婦』である。だから、ハルモニたちが名誉毀損だと言って、著者を告訴したのだ。

民主主義国家では言論や学問の自由を尊重しなければならない。だからと言って、他人の名誉や尊厳を損なう自由が保障されるわけではない。西欧民主主義国家においても、名誉毀損は犯罪であり、ヘイト・スピーチも犯罪である。ソウル検察の訴追を評価するためには、『帝国の慰安婦』の記述内容に即して、事実を確認する必要がある。

日本社会の責任

もう一つ、つねに繰り返し指摘しておかなければならないことは、今回の訴追が韓国内において起きているため、「ソウル地検・対・朴裕河」という構図で把握されがちであることだ。もちろん、韓国社会にとっては、とりあえず「ソウル地検・対・朴裕河」として理解されるのは当然であるし、続いて「被害者ハルモニ・対・朴裕河」であることに思いが及ぶことになるだろう。

しかし、「慰安婦」問題はもともと、日本帝国主義が朝鮮半島やアジア各地を植民地とし、侵略した時代に、日本軍が自ら現地の女性に行い、あるいは民間業者に行わせた「慰安婦」政策の被害の問題である。

そして、１９９０年代以来4半世紀にわたって、被害女性たちは日本政府の責任を追及してきたにもかかわらず、日本政府が責任逃れを続けてきた問題である。4半世紀に及ぶ責任回避とそのための隠ぺいにより事態が複雑化し、いまや問題解決からほど遠い地点で日韓「合意」のような茶番劇が行われている。

このような事態を許してきた日本社会の責任を私たちは問い返さなくてはならない。日本が国民主権の民主主義国家であるのならば、日本政府が被害女性に謝罪も賠償も行わずに責任を取らないまま4半世紀を徒過することを許してきた日本国民の責任を自覚する必要がある。

それゆえ、私たちは「ソウル地検・対・朴裕河」という構図にとらわれるのではなく、尊厳の回復を求める被害女性たちの闘いを踏まえて、現代国際法と民主主義の原則に従って、いま何をどのように論じるべきかを明らかにしなくてはならない。

論じるべきこと、解決するべきことを見えなくさせる『帝国の慰安婦』を批判的に検討することが求められる。

同様に、日韓合意についても、日本と韓国の外交問題ではなく、東アジアにおける植民地主義の下での犯罪をいかに理解するかの問題である。そして、植民地主義や人道に対する罪が克服されないまま現在に至っていることを、日本社会がどう受け止めるかである。

「合意」の全面無効を
——朝鮮民主主義人民共和国の反応

金優綺

朝鮮民主主義人民共和国（以下、朝鮮）における、安倍・朴両政権による日本軍「慰安婦」問題に関する2015年「合意」についての反応を紹介する。朝鮮では2013年末時点で219名の被害女性が名乗り出て、46名が名前と顔を明らかにしている。

「合意」発表から4日後の2016年1月1日、朝鮮外務省代弁人は、朝鮮中央通信社記者の質問に答える形で「うわべだけの『謝罪』と廉価の資金支出で日本の性奴隷犯罪行為を覆い隠すことにした今回の合意は、国際的正義と被害者らの正当な要求に顔をそむけた政治的駆け引きの所産」であると批判した。また、今回の合意について米国が急いで「祝賀」と「全面的履行支持」を表明したことに言及し、「米国は、日本と南朝鮮を自らが推進している侵略的な三角軍事同盟に縛っておくために日本軍『慰安婦』問題の『妥結』をあおり立ててきた」と指摘した。代弁人はまた、日本による性奴隷犯罪の被害者は朝鮮半島の南だけでなく北にもおり、他のアジア諸国や欧州にもいると強調し、加害者である日本政府が国家の法的・道徳的責任を認めて心から謝罪と賠償を行い、被害者の名誉回復と再発防止措置を一日も早く講じなければ、問題は解決されないと指摘した。

1月7日には朝鮮日本軍性奴隷及び強制連行被害者問題対策委員会（朝対委）、同月9日には朝鮮民主女性同盟中央委員会からそれぞれ代弁人による談話が発表されており、同月31日には朝鮮中央通信社による告発状が発表されている。2月6日には歴史学学会代弁人の声明が発表されており、それぞれ「合意」の全面無効を強く主張した。

朝対委で2000年より活動している金春実委員は『朝鮮新報』記者によるインタビュー（2016・2・10）の中で、朝鮮在住の被害女性らが今回の「合意」に対して「私たちを二度辱める冒涜行為だ。日本と南朝鮮当局を絶対に許さない」と話していると紹介し、「地方に住む被害者からも電話がかかってきた」と話した。間接的ではあるものの、朝鮮在住被害女性の存在や声が日本に伝えられること自体が稀であり、注目される。

金委員は同インタビューの中で「被害者らに対する誠意があるなら、日本大使館前に設置されている『平和の少女像』を撤去するのではなく、むしろ過去の歴史と教訓を後代に伝えるため、像を保存する努力をしなければならない」と話し、日本軍性奴隷問題の解決のためには「加害者である日本が、真の謝罪と被害者らが望む賠償措置、そして実のある再発防止措置を取らなければならない。再発防止措置としては、性奴隷犯罪に対する国家的な真相究明と正しい歴史教育が求められる。過去のない今日はなく、今日のない明日はない。平和で安全な未来を拓いていくにあたり、歴史教育はとても重要な問題だ」と指摘した。朝対委として今後、被害者らの経験を記録として残し、事実を後代に伝える活動を継続的に行い、被害者らの証言集の出版、日本軍性奴隷問題研究者らによる被害調査事業、同事業を通じて収集した資料に基づいた学習会などを予定していると話した。

「合意」は、日本軍性奴隷制という日本の反人道的国家犯罪を日本と韓国間の問題に矮小化した上でその犯罪性を不問に付すものであり、朝鮮半島の分断を強化するものでしかない。日本の植民地支配責任を問う視座から日本軍性奴隷制の問題を見つめ直すことが今、切実に求められている。

台湾政府は口先だけの対応をやめるべき

許仁碩

　１９６５年、１９９５年、２０１５年の合意まで「慰安婦」問題など日韓の歴史清算で、３度目の「解決」である。今回の合意で、日本政府は歴史問題を解決し、「これらにより日韓関係は未来志向の新時代へと発展する」とアピールした。しかし移行期の正義の始発点であるはずの謝罪と賠償を終着点としており、いつも「歴史を切り捨てて、未来志向で」と「最終解決」を求める考え方である。

　それゆえ日本政府は、真相究明や責任追及を行い、真の反省と和解を実現することができていない。これでは、歴史問題の真の解決は不可能だろう。台湾は歴史の傷だらけの島として、今度の合意に対し、韓国と同じ取り扱いを求めるのではなく、他の視点から深く考えるべきである。

　たとえば、自国の２・28事件と白色テロの処理経験は参考になるだろう。この国家暴力の歴史に対し、国民党は何十年間もタブーにし、のちに暴動、反乱など諸説で論議を封じてきたが、移行期の正義を訴える運動が何年も行われ、ついに政府は謝罪、賠償せざるを得なくなった。その後賠償が行われ、歴史問題は解決したから蒸し返すなという声は台湾社会でよく聞かれた。しかし、課題は山積している。２０１５年に『届かなかった遺書』という本が出版された。その背景には政府が政治犯たちの遺書を遺族に返還することを拒否し続けたため、遺族とＮＰＯが遺書返還運動に取り組み、最後に

177通の遺書を取り戻すことができたということがあった。この本により政治犯の思想と人生を一般人に知らせ、歴史の反省を喚起するようになった。従来政治犯たちは同じ「冤罪の被害者」としてあつかわれた。しかし、この遺書で、社会主義、または台湾独立の信念で独裁政権に抵抗した方が少なくなかったことがわかる。最新の研究でも同じことを発見した。「冤罪」ではなく、立派な「反乱者」であった。政治犯の多様性と彼らが「反乱」した事実をどう認識、評価すればよいのか。すべて国家暴力と関連し、今後の重大な台湾社会移行期の正義の課題だといえるだろう。もし「蒸し返す」ことをしなければ、このような進展、反省は不可能だったのではないか。

「慰安婦」問題に話を戻せば、2015年、台湾の歴史教科書で「慰安婦」問題に「強要された」という言葉を付けるべきかどうか、論争が行われた。今まで一部の論者は「『慰安婦』は売春婦だから賠償するわけがない」と主張してきたが、「いや、『慰安婦』はすべて強要された性奴隷だ」という従来の主張だけではなく、「売春婦もいるかもしれないが、彼らは同じ戦争と植民地政策の被害者だ」という反論も出てきた。後者の反論から、戦争と植民地支配による女性への抑圧を、さらに深く広く考察し、反省すべきだとの認識が提起された。ここでこれ以上の説明や分析をすることはできないが、台湾政治犯の話と同じく、移行期の正義を推進するために、当事者経験の多様性と当時の抑圧の実態を明らかにしなければならないということだ。ナショナリズムまたは国際政治の都合で歴史問題を利用すれば、利用者の立場如何にかかわらず移行期正義の実現への阻害となるだろう。

「慰安婦」問題も含め、台湾は戦後処理を怠ってきたと言える。国民党政府は戦後日本資産の接収で日本人の私有財産まで国有財産にし、のちに党有財産に移転し、莫大な利益を得た。日本政府から債権を請求されることを避けるために、台湾人戦争被害者の賠償交渉を見送りにした。これはまさに、政権の都合で自国民の権利を放棄することにほかならない。2015年、2・28事件の沖縄人被害者と認められた青山恵先氏の遺族からの賠償請求が却下された。

日本政府も台湾人慰安婦と日本兵に賠償しなかったから、相互主義で賠償しなくてもよいと言うのだ。台湾政府は日韓合意で、台湾にも謝罪と賠償を強く求めると発言したのに、このような人権を無視する理屈を持ち出すのは皮肉だ。本件は本会と弁護団によって遺族と協力し、裁判所に起訴し、2016年2月17日に一審判決で勝訴した。のちに2・28基金会が上訴を放棄したため、判決は確定した。

判決文では国際人権規約を引用し、外国人の人権も守るべきだと述べている。また、2・28基金会の法的な独立地位を強調し、出資者である政府でも基金会の決定に介入すべきではないと述べている。本件において台湾政府の論理は、まさに「目には目を、歯には歯を」という主張である。一見したところは一理があるように見えるかもしれない。しかし、そのまま目と歯を失うのはいつも両国の市民であり、自国の被害者が賠償されていない限り、両国政府は戦後処理の責任を避け続けることができるだろう。今度の判決はこの負の循環を乗り越え、先に和解に向かって大事な一歩を踏み出すと言われる。

一方で、台湾政府の怠慢は日本の民間団体にも影響を与えた。たとえば、AWFのデジタル記念館

(http://www.awf.or.jp/index.html)では中国語版が作られていなかった。台湾人が閲覧者として想定されていなかったのだ。また、筆者はピースおおさかを見学した際、「戦争の被害」という展示室で、韓国、満州、中国、東南アジアまで各地域の被害記録を見たが、台湾に関する内容が見つからなかった。館員になぜ台湾の資料がないのか尋ねると、台湾が植民地として太平洋戦争で被害を受けたことが初耳であるかのように戸惑い「恐らく当館の方針で最初から台湾の資料を収集対象外としたのではないか」と返した。日本では政府ばかりか民間団体まで台湾の戦後処理問題が済んでいないという事実を意識していない。

今度の日韓合意に対し、台湾政府は口先だけの対応を改めるべきだ。従来の謝罪と賠償はもちろん、真相解明と責任追及も含め、本格的に交渉を進めるべきだ。不正日産(日本資産)接収から不正党産(国民党資産)になった問題も同時に解決できれば、台湾の移行期正義の実現にも良いことだろう。台湾では民間団体が慰安婦記念館を設置することにしたが、経費不足で難航している。担当者によると、政府にいつも応援してもらい励みにはなっているが、記念館設置に必要な資金と場所の提供は一切なかったと述べている。台湾政府の怠慢が明らかだ。交渉の結果にかかわらず、国の力で関連資料収集、研究助成、記念施設と資料館の設立などの取り組みを進めるべきだ。

台湾は世界一の親日国だといわれている。戦後処理を進めると、今までの友好を傷つけるのではないかという懸念もよく聞く。しかし、両国政府が歴史を無視したままに進めてきた、いわゆる「日台友好」は、本当の友好と言えるのか。前記の判決原告である青山氏は、記者の取材に「母は父の失踪でずっと台湾のことに関わりたくなかった。しかし、私は父の失踪の真相を究明してきた過程で、台湾人の良識と優しさに感激した。今度の勝訴で天空にいる両親の無念も晴れただろう」と述べた。もし台湾人が青山氏の行動を「反台湾」と扱ったなら、青山氏の友情を得るわけがない。歴史と正面から向き合い、真相解明と和解を踏まえた、真の絆を作るべきである。

戦時性奴隷とされた女性に歴史的正義を
――オーストラリア政府がなすべき対応

キャロライン・ノーマ

２０１５年12月の「日韓合意」は米豪政府にとっては確かに喜ぶべき「最終的かつ不可逆的」な合意だと考えられ、日本軍性奴隷制をめぐる日韓外交摩擦を解消する道具だと考えられるだろう。しかし、オーストラリア政府は、「慰安婦」問題・日韓合意の基礎の上に設えられた舞台で国際的パントマイムに参加するべきではない。というのも、オーストラリア政府は「慰安婦」問題の歴史について、すでに十分すぎるほど茶番劇を演じてきたからである。

日本軍は、戦時のオーストラリア領（ニューギニア）において女性の性奴隷制を組織したが、オーストラリアは戦後裁判で起訴することができなかった。パプアニューギニアの市民団体はこれまで、日本軍の戦争犯罪に関する数々の証拠に基づいて日本政府に事実の認定と賠償を訴えるための援助を求め続けてきた。しかし、この訴えに対してオーストラリア政府は今まで何も応答していない。オーストラリア政府は当時ニューギニアがオーストラリアの管轄内であったにもかかわらず、女性を保護することも、戦後になって女性のために正義を追求することもしなかったことに歴史的責任がある。

ニューギニアは1921年から1975年までオーストラリアの管轄内であったが、太平洋戦争の42ヶ月間、日本軍に占領された。占領期に軍性奴隷にされた女性数は約3000人と推定され、現地人女性もこの数字に入る。しかし、この歴史についてオーストラリア政府も日本政府も調査を行っていない。調査してきたのはポートモレスビーにある「日本軍太平洋戦争犠牲者補償パプアニューギニア協会」(注1)である。協会によると日本軍によって現地女性1万5185人が性暴力を受けて殺された。戦後、オーストラリア当局は性暴力に関する罪の裁判で日本兵を起訴したが、強制売春の関与者を起訴しなかった。ニューギニアでの日本軍の現地女性に対する性暴力は、オーストラリア国立戦争記念館の研究チームが調べてきた(注2)。こういった歴史的な犯罪の証拠が国内に知られているのに、これに応答する政府機関はまだない。

戦時慰安婦に正義の機会を与えようと思うなら、オーストラリア政府は戦時にパプアニューギニアで起きたことを速やかに捜査するべきである。そのためには、戦時性奴隷とされた女性に歴史的正義をもたらすことを日豪関係に優先しなければならない。

最近、安倍政権がかつての日本軍国主義をほうふつとさせる政治を行っていることから、日本との軍事作戦、武器取引、相互防衛協定が気まずいものとなっており、西側諸国政府は、日本と軍事協力を続けることを合理化できるような口実を必要とするようになっている。

西側諸国も世界も、日本が過度に右傾化しないことを願っている。

日韓合意は、過去の悪事を正すという性奴隷サバイバーと彼女たちを代表する団体の要求に応えたかのような政治的偽装を演出しているが、実際は、日本政府はそうはしていない。日韓合意は、これまで安倍政権がサバイバーに対して行ってきた侮辱の長いリストを延長するものでしかない。

さらに重要なことに、日韓合意では、戦時に女性住民に対して行った奴隷化の事実を示す資料を、韓国、中国、アジア太平洋諸国に引き渡す義務も課されていない。70年が経過し、被害者がすでにほとんどいなくなる状況の中、歴史資料を保有していないアジア太平洋諸国は、過去の戦争犯罪の詳細を把握することは難しい。

オーストラリア政府の支援がなければ、パプアニューギニア政府はこうしたハードルを越えることができず、戦時慰安婦が正義を手にすることはできない。オーストラリア政府は彼女たちのために行動しなければならない。

（注1）Taimbari, Colin. 'War victims group in PNG demands PM take action,' *Radio New Zealand International* at http://www.radionz.co.nz/international/pacific-news/219447/war-victims-group-in-png-demands-pm-take-action; Crocombe, Ronald. *Asia in the Pacific islands: Replacing the West*, Suva, Fiji, IPS Publications, 2007.

（注2）http://ajrp.awm.gov.au/AJRP/remember.nsf/pages/NT000020F6

第二部　「朴裕河現象」を考える

「和解」論批判――イラン・パペ「橋渡しのナラティヴ」から学ぶ

早尾貴紀

韓国における日本文学研究者である朴裕河の『和解のために――教科書・慰安婦・靖国・独島』が、2007年に大佛次郎論壇賞（朝日新聞社主宰）を受賞し、大きな話題を呼んだ〈注1〉。同書は、副題が端的に示すとおり、日本と韓国とのあいだにある、戦争と戦後の歴史認識に関わる問題を扱ったものである。

もちろん、歴史認識において両国のあいだに「和解」が実現するのは重要なことだろう。戦争や紛争を終わらせるためだけでなく、過去の戦争を清算し、そこから新しい関係を構築するために、「和解」は必要だ。

だが、和解という用語は一般に、「主張や利害の対立する二者が仲直りすること」を意味するため、それを国家間の歴史認識に持ち込んだ場合、原因や背景を単純な二項対立として描く傾向が見られる。対立の細かな背景や具体的な内容はどこかで巧妙に形式化・単純化され、究極的には、双方のナショナリズムどうしの譲歩困難なぶつかり合いという捉え方となり、必然的にそこから導き出される和解案は、「ナショナリズムを超える」といった抽象論になりがちだ。

朴の『和解のために』の主眼点は、あくまで韓国人の立場からの自国韓国のナショナリズム批判だ。日本のナショナリスティックな政策や世論を批判できるほど韓国が偏狭さを免れているわけではないとして、韓国のナショナリズムを批判する。そして、加害国・日本と被害国・韓国のそれぞれのナショナリズムは「紙一重の差しかない」とさえ断じる。

自らの属する社会をこそ批判する姿勢が重要であることは疑いない。

だが、それが多くの日本人知識人によって絶賛され、さらには大佛次郎論壇賞を受賞し、社会的に大きな注目を集めているといった、日本社会の「和解」言説の消費構造には、大きな問題があるだろう。

1.

『和解のために』をめぐっては、同書に解説を寄せた社会学者の上野千鶴子と、歴史学者の金富子とのあいだで、すでに論争がある。まず金が、おもに「慰安婦」問題に関する論点から、朴裕河と上野に対して厳格な批判を展開した〈注2〉。ジェンダー史や植民地史を専門とする金は、朴の和解論の前提となる事実認識を綿密に検証している。朴の議論の基調をなす「謝罪をしてきた日本」対「謝罪を受け入れない韓国」という単純化された対立図式は、最初から韓国批判をするためにしつらえられたものであり、双方のナショナリズムを批判すると称していながら、日本政府や日本の保守派の側に対してだけ甘い議論になっている。しかし、金によれば、この朴の図式においては、一方で日本政府の「謝罪」の内実や国内外で使い分ける二枚舌戦略を、他方で韓国内部の多様な努力の積み重ねを、ともに見失っている。たとえばそれは、日本における民間募金による国民基金の「償い金」を国家賠償・補償と同等視している点や、あるいは日本の植民地支配を引き継いだ軍事政権をともに批判しようとしてきた民主化運動を黙殺している点などに典型的に見てとることができる。

それにしても、奇妙な空回りが気になる。

朴は著書で、「事態を単純化しない忍耐心」を求め、上野は解説で、同書の議論を「精緻で繊細」だと礼讃している。さらに上野は、金への反論において、この点を再度強調している〈注3〉。しかし、同書およびその後の金・上野の議論を読んでも、図式化・単純化をしているのは明らかに朴と上野の側だ。両国のナショナリズムが、「紙一重の差」(朴)であり「お互いに相似形」(上野)であると形式化して捉えるのは、植民地支配およびそれに強く規定された戦後のそれぞれの歴史関係を見ないということでもある。戦中・戦後の歴史に照らして「精緻」な議論を展開しているのはむしろ金の側と言える。

この「空回り」は、『和解のために』が大佛次郎論壇賞を受賞した際に公表された、選考委員らのコメントにも表れている。「歴史文献や世論調査などを綿密に調べた上で、説得力のある議論を展開している」(入江昭)、「丹念な分析は議論の説得性を大いに高めている」(佐々木毅)、「多くの懸案事項に関して手堅く事実確認を行い、実像をふかん的に描き出してみせた」(米本昌平)、「膨大な歴史資料を探って実証的に事実に向き合う知力と根気」(若宮啓文)、などと評された〈注4〉。

しかし、同書を読めば明白なように、文学者である朴の仕事は実証史ではない。同書は、あくまで二次文献だけに基づいた評論だ。もちろんそのこと自体が問題なわけではない。同書が、歴史的な事実の検証作業をしているのではまったくなく、たんに著者の価値観に沿ってメタ的な議論を展開した評論であるということは、同書の性格を示す事実にすぎない。そしてその評論の特徴は、先に触れたように、あくまで「謝罪をしてきた日本」対「謝罪を受け入れない韓国」という単純化された対立図式的な整理にこそある。

にもかかわらず、なぜに選考委員諸氏のような見当違いなコメントがいくつも出されるのか。実証史的な検証能力をもたない委員らが、朴のレトリックによって煙に巻かれたのではないか。あるいは、さらに穿って見れば、そもそもこういった和解論を待望している日本の知識人らが、同書を「我が意を得たり」とばかりに歓迎したのではないか。こういった疑いが湧いてくる。

2．

民族対立の和解や戦後和解が世界的に焦点化されたのは、いまからいくつかの文脈で振り返ってみると、１９９０年代からであった。第一に、１９９５年の「戦後50年」という節目と20世紀の終わりを前に、「戦争の記憶と忘却」について議論が活発におこなわれたことがある。半世紀あるいは一世紀の区切りという集団心理とともに、直接体験世代の証言可能性が物理的な時間の壁に直面するようになってきたことが、時代背景としてあった。第二に、冷戦による東西対立の枠によって隠ぺいされ沈黙させられてきた諸民族間の軋轢が、冷戦崩壊によって90年代以降に表面化してきたことが要因として挙げられる。

第一の要因について言えば、記憶の倫理的要請が叫ばれたのと同時に、「和解することで負の遺産を清算し、そして忘却してしまおう」という欲望が陰に陽に語られた。戦後和解とは、記憶と忘却のはざまの現実的要請と政治力学のなかで議論されたということが指摘できる。

第二の要因について言えば、日韓関係についてもそうなのだが、「西側陣営」の内部として抑圧されてきた軋轢が、その枷が外されたことで噴出した。戦後和解など正面からなされないままに、冷戦体制に組み込まれた世界は、「陣営内部」の対立に蓋をされてきた。たとえば「真実和解委員会」の取り組みで知られる南アフリカ共和国のアパルトヘイト克服の問題もまた、ポスト冷戦期に焦点化されたケースである。

そして世界各地の「和解」論議を受けて、雑誌『現代思想』で「和解の政治学」という象徴的な特集が組まれたのが、２０００年のことであった〈注5〉。鵜飼哲と高橋哲哉が「和解のグローバリゼーション」とも評すべきこの潮流について批判的に討議し、また朝鮮半島や南アなども含めた各地の事例などについて各論者が執筆した。90年代の世界的な和解論の流れを受け、世紀の変わり目に組まれた特集として、文字どおり「画期的」であったと言える。

朴裕河『和解のために』礼讃の動きは、そういった「和解のグローバリゼーション」の潮流のもとで、21世紀に入ってもなお教科書問題や靖国問題と次々とわき起こる日本の歴史認識やナショナリズムの問題について、それでも「良心的」に考え取り組もうとする人びとが拙速に同書に飛びついたために生じたように見える。同書に解説を寄せた上野千鶴子や、先述の大佛次郎論壇賞選考委員の諸氏らだ。この人たちの「善意」自体を否定するつもりはない。

だが、そのなかでも、朝日新聞の作為的とも言える論調づくりについては注意を払うべきであろう。同賞の主催が朝日新聞社であり、その選考委員の一人は自ら『和解とナショナリズム』という著書をもっている、同紙論説主幹の若宮啓文である〈注6〉。他の選評との傾向的な重なり（歴史実証性に関する見当外れな評価）を考えると、若宮が主導的役割を果たした可能性は排除できないのではないか。また、２００８年４月には、同社主催で「歴史和解のために」というシンポジウムを開催し、朴裕河をパネリストの一人として招いている〈注7〉。和解というテーマを、ひいては朴裕河現象を、同社が「演出」しているとは言えまいか。

３．

ここで、歴史認識と和解に関する議論の文脈を広げるために、一人の歴史家を紹介したい。イスラエルのユダヤ人の実証史的な歴史家であるイラン・パペ（Ilan Pappé）だ。１９４８年前後のイスラエル建国期を専門分野とする研究者であるが、２００７年に来日し、東アジアにおける歴史認識論争との対比なども射程に入れたいくつかの講演をおこない、大きな示唆を残していった。すべての講演と質疑は、『イラン・パペ、パレスチナを語る――「民族浄化」から「橋渡しのナラティヴ」へ』として日本語で読むことができる〈注8〉。以下では、同書の概要を紹介するかたちで論を進める。

パペは、イスラエルの実証史家であるが、しかし同時に「ニュー・ヒストリアン（新しい歴史家）」の代表格ともされ、歴史のナラティヴ論についても積極的な提起をしている。これについては、背景説明が必要だろう。

イスラエルは、ヨーロッパで迫害されたユダヤ人たちによる組織的な移民と大国利害によって、戦後の1948年に先住民のいるパレスチナの地に建国された国家であるために、建国を正統化／正当化する多くの政治神話によって公的な歴史を構築してきた。主要には、先住パレスチナ人の存在と権利を否定するために、ユダヤ人の土地への権利を聖書の物語に依拠させること、および、「土地なき民に民なき土地を」というスローガンに代表される建国物語だ。しかし実際には、建国の祖たちはパレスチナ人を政策的に虐殺・追放することによって土地と国家を手に入れている。イスラエルのニュー・ヒストリアンたちは、当時の公文書などを発掘することで、実証的に旧来の神話的歴史を覆して、建国に伴う暴力性を論証しようとしている。イスラエルにおいては、「リヴィジョニスト（修正主義者）」という名称もあるが、この場合の歴史修正主義は、日本やヨーロッパにおいて歴史的犯罪を否定したり過小評価したりする立場とは異なり、反対に、国家の政治神話を「修正する」という意味で使われている。

なかでもパペは、イスラエル建国の出来事および建国後のユダヤ人至上主義を、パレスチナ人に対する「民族浄化（エスニック・クレンジング）」であると明確に定義している点で突出している。すなわち、建国に伴う暴力を部分的に認めるユダヤ人の歴史家は他にもいるが、多くが「パレスチナ人の側にも責任の一端がある」とか「一部の兵士に問題行動はあったが総体としてユダヤ側の軍事行動が不当だったわけではない」とか「建国の暴力はなにもイスラエルに限ったことではなくどんな近代国家にも存在する」といった、総じて相対主義的な歴史語りの次元にとどまっている。それに対してパペは、イスラエルのユダヤ人の実証史家としてはただ一人、「イスラエル建国は先住パレスチナ人に対する、計画的で組織的な民族浄化という犯罪行為の上に成り立っている」という明確な歴史認識を、実証的な文献研究によって提示している。

もちろんパペは、けっして煽情的に論争を挑んでいるのではなく、学術的な歴史学者として、概念を定義したうえで分析をおこない、その分析の妥当性と有効性を判断して、「民族浄化論」を提起している。旧ユーゴ紛争以降に国際的に共有されてきた「民族浄化」の定義によれば、いかなる手段によろうとも（虐殺や追放だけでなく脅迫や説得も含む）、ある地域から特定の民族集団を排除しようとすることが「民族浄化」である。パペによれば、イスラエル建国という出来事と建国後の政策は、意図的なパレスチナ人排除である点でまさに「民族浄化」にあてはまり、かつそれはもっともよく事象を説明している。そして、先に挙げた相対主義的主張が責任の所在を曖昧にし、本質を見失っているのとは一線を画した。

もちろん、こうした立論がいかに「分析的」であろうとも、自らを被害者あるいは開拓者として認識していたイスラエルのマジョリティにとっては衝撃的な主張であり、猛烈な反発を呼び起こした。パペに対しては、国際的に高い評価と裏腹に、イスラエル国内からは「国家の裏切り者」という攻撃がなされ、大学内でも嫌がらせが相次ぎ、とうとうパペは２００７年から所属大学をイギリスに移さざるをえなくなった。また、イスラエル国内では刊行を引き受ける版元がなく、自国語のヘブライ語で書籍を刊行することができないという状況にもある。

４．

歴史学の方法論にも意識的なイラン・パペは、自国中心の正史を批判し、迫害された側の「他者の歴史」へと開いてゆくための取り組みにも精力的である。そこで提起されているのが「橋渡しのナラティヴ（bridging narrative）」の模索だ。

第一に、国家を正統化する正史を、「ナショナル・ナラティヴ」として厳しく斥けている。それは、政治神話ともいうべきもので、実証史的に検証すれば、間違っている。ナショナルであろうとすれば、つねにそこからは「非国民」とされるような他者の存在は隠ぺいされるからだ。

第二に、歴史のナラティヴ論を、「それぞれの歴史の語りが複数あっていい」といった相対主義にしてしまうことを批判している。とりわけ１９９０年代以降のイスラエルでは、「ポストシオニズム」と呼ばれる多文化主義や多元主義が学界的に流行したが、そこでは、「イスラエルのナラティヴ」と「パレスチナのナラティヴ」の2つがそれぞれに存在していいという、「寛容」な歴史観が現れた。だがパペは、それでは不十分で、現在もなお続くイスラエルによる占領や植民地主義の問題は温存されてしまうと危惧した。

第三に、「ナショナル・ナラティヴ」を批判するとしても、安易に「脱ナショナル」あるいは「ポスト・ナショナル」といったような観念に走るべきではないとした。研究者が、共同体や民衆から乖離し、誰も耳を傾けなくなってしまうからだ。

こうしたことに注意したうえで、パペは、パレスチナ人の歴史学者らとの共同作業を開始し、「橋渡しのナラティヴ」を模索した。ユダヤ人の側の民族運動について、ヨーロッパで受けたホロコーストについて、パレスチナ人たちにいかに理解してもらうか、逆にユダヤ人によって土地を奪われたパレスチナ人たちの迫害体験を、いかにイスラエルのマジョリティたちに理解させるのか。パペがイニシアティヴを発揮し、イスラエル側とパレスチナ側から合わせて20人もの歴史家の参加を得て、10年以上にもわたってこの共同作業を継続させているという。とりわけ２０００年からの第二次インティファーダとそれに対する軍事弾圧が続いた時期は、イスラエル軍の攻撃を受け、包囲された建物の地下室で討議を断続的に重ねた。

もちろんこうした努力の果てに、かならずしも事実認識において完全に一致を見るともかぎらない。しかし、その努力こそが「橋渡しのナラティヴ」を創りだしうる、とパペは言う。

たとえば日本・韓国・中国の共通の歴史教科書づくりの困難さに関連した質疑応答で、北アイルランドや南アフリカ共和国などの教科書づくりなどにもアドバイザーとして関わったことのあるパペは、「近道はどこにもない」と明言する。10年かかってでも「共同のナラティヴ」を実現しようという試みに参加する人びとの「衝動」こそが、「橋渡しのナラティヴ」そのものなのだ、と。

5.

朴裕河の和解論との対比を考えたい。たしかに、朴とイラン・パペとは、自国中心の歴史に対して批判的であるという点や、「和解」あるいは「橋渡し」を目指している点において、類似しているようにも見える。

しかし、絶対的に異なるところがある。まずは、朴が歴史の事実認識においてあまりに杜撰であるのに対して、パペが厳密な実証史家である点だ。先に見たように、朴はレトリックあるいはイメージ先行の二項対立図式、「謝罪をしている日本」対「謝罪を受け入れない韓国」という、現実とは異なる構図を捏造している。または、一般的に流布している単純な対立イメージを踏襲しているとも言える。それに対してパペは、実証史家として神話を丹念に覆すことを仕事の出発点としている。この点は真逆だと言ってもいいほどだ。

だとすれば、それを前提としたうえでの「和解」と「橋渡し」というのは、類似とは言えないのではないか。朴の位置づける「和解」とはそもそも何なのだろうか。あるいは日本の知識人らが朴に求める和解論とは何なのだろうか。

恣意的な対立図式から感じられるのは、論壇や世論を「右」と「左」(あるいは「親~」と「反~」)などというように二色に類型化してみせたうえで、自らがその二項対立を乗り越えているというように自己措定してみせようという戦略だ。対立とその和解といった立論は、自分がナショナリズムを超越しているという振る舞いを演出するためにあるとも言える。推測が許されるのであれば、結果的に大佛次郎論壇賞を受賞したというよりも、リベラルを自称する日本の知識人らに迎合的なことを書くことによって潮流をつくりだそうとしたか、さらに言えば、より長いスパンのなかで最初から和解論に親和的な日本側の知識人らとのコラボレーションのなかで同書が生み出されたということかもしれない。政治的意図をもったパフォーマンスにも見える。

再度パペとの差異について考察すると、パペは、「脱ナショナリズム」を安易に自称することに一定の留保を示していた。もちろん結果的には、「橋渡しのナラティヴ」が達成されたときには、ナショナリズムとは遠いところに立っていることになるだろう。ただしそれは、あたかも達観したかのような和解論によるのではなく、徹底した実証史的検証作業と、それに基づいて「橋渡し」を求める試行錯誤の蓄積においてのみ、考えられるものであったはずだ。

この点は、予期される朴裕河批判への反批判として「ナショナリスト」という言葉を非難のレッテルとして使っていた上野千鶴子の立論にも、危険な短絡が見られる。ナショナリズムを批判している朴を批判する者は「ナショナリスト」に違いない、という狡猾な立論だ。だが、自分はナショナリズムを非難する者であると宣言したからと言って、その人がナショナリストでないということが保証されるわけではない。ナショナリズムは、意思によって自由に着脱可能な衣服ではないし、またナショナリズムという概念の含意も一色ではない。朴はナショナリズムを批判する者であるから、非ナショナリストだ、とか、その朴を批判する者はナショナリストだ、などという粗雑な議論もまた、過度に単純化された対立図式に乗っているように思われる。

ナショナリズム批判（ナショナル・ナラティヴ批判）は、自己主張やレトリックによるのではなく、パペに倣って繰り返せば、丹念な実証史学の作業と、「橋渡し」を求める努力の積み重ねによって実現されるのではないだろうか。

6.

それにしても、世界の紛争地で「和解」が求められている現場において、この言葉はどれほどの重みをもつ言葉なのだろうか。何よりも注意を要するのが、民族紛争を経た各地において、和解が多くの場合「真実と和解」というように、「真実究明」とセットで語られていることである。

1990年代以降に「真実と和解」の訴えが世界で広く語られるようになった背景として、南アフリカ共和国のアパルトヘイト体制の克服に触れないわけにはいかない。「真実和解委員会」と命名された組織が、アパルトヘイト体制下でおこなわれたあらゆる種類の人種差別や暴力・不正について真相を調査し、関係者に告白を求め、協力の見返りとして罪を赦すことによって、和解をはかるというものだ。

この「真実と和解」の試みは、早くは70年代の南米で始まり、世界各地で試みられてきた〈注9〉。それを真実和解委員会の経験から学ぶべきは、和解に先立って、まず真実究明があるという点だ。それを抜きにしての和解はありえない。しかるに、朴裕河の議論を絶賛する日本の論壇においては、「真実抜きの和解」になってしまっている。金富子が指摘したように、戦時下において日本政府・軍のおこなった行為について、強制性の証明は不可能とされ、責任主体も不明確なままで、補償も否定されてしまっている。こうした、「真相究明と補償を求めるのは意固地なナショナリストの所業だ」と言わんばかりの議論が、「寛容」や「度量」といった美しい言葉のもとに、日本の論壇で歓迎されているのだ。そこでは「真実」は踏みにじられてしまっている。その先に「和解」があるとはとても思われない。

【付記】本論考は、『季刊 戦争責任研究 第61号』（２００８年）に掲載されたものである。年号や書誌情報など最小限の加筆修正を加えた。本論考で指摘した日本のリベラル派たちの混迷は、朴裕河『帝国の慰安婦』をめぐって、いっそう深まっている。今度は朝日新聞社から日本語版が刊行され、毎日新聞社主宰のアジア・太平洋賞が与えられた。朴裕河の起訴に対して出された54名の知識人の署名による抗議声明は、公権力の言論への介入を批判するにも、その根拠として受賞の事実を挙げながら同書の内容を絶賛し、名誉毀損で告訴した当の元慰安婦についても、名誉を傷つけたはずはないと断じている。残念と言うほかないし、『和解のために』刊行から約10年間に事態の悪化を止められなかった自らの怠慢を痛感している。

注

〈１〉朴裕河、『和解のために――教科書・慰安婦・靖国・独島』（佐藤久訳、平凡社、２００６年／平凡社ライブラリー、２０１１年）

〈２〉金富子、「「慰安婦」問題と脱植民地主義――歴史修正主義的な「和解」への抵抗」、『インパクション１５８号』

（2007年7月）。加筆されたものが、金富子・中野敏男編『歴史と責任――「慰安婦」問題と一九九〇年代』（青弓社、2008年）に再録。

〈3〉上野千鶴子、「投稿 金富子氏への反論」、『インパクション159号』（2007年9月）

〈4〉『朝日新聞』2007年12月16日

〈5〉『現代思想』（青土社）2000年11月号「特集 和解の政治学」

〈6〉若宮啓文、『和解とナショナリズム――新版・戦後保守のアジア観』（朝日新聞社、2006年）

〈7〉『朝日新聞』2008年4月28日。なお、朴裕河『帝国の慰安婦』の日本語版を刊行したのも朝日新聞出版であった。

〈8〉イラン・パペ、『イラン・パペ、パレスチナを語る――「民族浄化」から「橋渡しのナラティヴ」へ』（ミーダーン〈パレスチナ・対話のための広場〉編訳、つげ書房新社、2008年）。なお、パペの著書『パレスチナの民族浄化』（田浪亜央江、早尾貴紀訳、法政大学出版局、2016年）が近刊。

〈9〉真実和解委員会については、阿部利洋、『真実委員会という選択――紛争後社会の再生のために』（岩波書店、2008年）などを参照。

感情の混乱と錯綜——「慰安婦」についての誤ったふるい分け

李在承

朴裕河教授が、慰安婦問題に関して韓国社会で常識として通用している目先だけの見解を克服するために、慰安婦のもう一つの真実を明らかにしようという論争を始めた。朴教授の主張のように、立場が異なる集団が何十年も対峙している問題があるとすれば、一度くらいはその問題を提起する方法を検討することは必要である。その検討による方法的な転換を通じて適切な解決策が提供できるのであれば旧態依然の態度をとってきた方が間違っているといえよう。朴教授はこのような見地から慰安婦問題をめぐる、主に韓国側の立場を批判し再構成を試みた。筆者がまず指摘しておきたいことは、「慰安婦問題に限らず」問題を正しく提起しているにもかかわらず長期間にわたり解決できずにいる問題が世間に数多くあるということである。特に正義と責任が問題となる法的・倫理的な事案においてこのような交錯状態は常に発生する。その理由も、主に事態に対する誤解からくるのではなく感情的な態度と関係がある。筆者は慰安婦問題とはまさにこのような類の問題ではないかと考えている。

朴教授の思惟実験がコペルニクス的な転回なのかどうかは慰安婦問題の研究者たちの評価に任せる

こととする。『帝国の慰安婦』は新聞やインターネットブログの書評欄で十分に紹介された。プレシアン［*インターネット新聞］でイ・サンヨプは、朴教授の文章はすぐに論戦を引き起こすことになるだろうと注意深く予想した。本稿で筆者は、法学者として朴教授の法的判断について検討を行う。朴教授は『帝国の慰安婦』で国家主義、帝国主義、民族主義、階級構造、家父長制、植民地主義に対し、波状的に攻撃を行っている。しかしその批判は最初から最後まで論理的な一貫性をもつものかどうか疑問をもたざるを得ない。朴教授の著作における滝のような感性的洞察には驚くばかりであるが、それらの洞察は正しくふるいをかけることによって見事に組み立てられたものなのかとなるとさらに疑わしい。この本には感情の混乱と錯綜があまりにも深く染み込んでいるように思われる。筆者は朴教授が結論の前提としている「日本政府には慰安婦問題に対する法的責任はない」という主張に対する反駁を試みる。朴教授は慰安婦問題についての日本政府の法的責任はないと主張しているが、「学者として」なぜ本の後半部にあれほどまでに長い記述をしたのか、私には理解できない。もし朴教授が結論の前提としていることが正しいのであれば、解決しなければならない問題としての慰安婦問題は消滅してしまうためである。さらに朴教授が両国の間で「和解のために」まるで「外交特使」のように行動する必要もなくなる。そもそも慰安婦被害女性たちも、韓国の市民社会の側も、彼女にそのような「全権」を与えたことはない。

1．業者の再発見

朴教授は、慰安婦の動員について日本や日本軍の「国家犯罪」でなく、たとえ犯罪であったとしてもそれは主に「業者の犯罪」であったと主張する。同時に朴教授は、業者の責任も大きいが日本政府の責任もあると述べる。しかし天皇や日本政府には性奴隷制に対する法的責任があるのではなく、植民地支配と関連した象徴的で構造的なレベルの責任であると述べる。責任に関するこのような形の腹話術は、責任を虚構化し、責任を回避するための装置に過ぎない。

朴教授は、慰安婦制度は売春であり、朝鮮人慰安婦は「帝国の慰安婦」であり、日本の軍人と朝鮮人慰安婦の間に「同志的な関係」があり、慰安婦は戦争の「協力者」でもあると主張した。極端な性暴力においても抵抗と協力のグレーエリアを見つけようという態度をなぜ高く評価しなければならないのかわからない。朴教授は、数人の慰安婦被害者たちの証言から引用した日本の軍人と慰安婦の切ない愛や美しい日々についての内容を特に強調し、「韓国で一般的に考えられている」悪魔のような日本軍人という印象は間違っていると指摘する。そのように主張することで韓国人の常識的な記憶に対し宣戦を布告する。朴教授は「慰安婦たちの純粋な喜びの記憶を部外者が消去する権利はない」と繰り返し主張し、この美しい裏面を知る必要があると強調する。そして、社会と挺対協が作った「純潔な」慰安婦を象徴する少女像が、普通の慰安婦たちが美しいひとときについて話したり記憶したりすることさえ抑圧していると怒りをあらわにする。挺対協が広めた慰安婦のストーリーを超えたところで奥深い真理を発見したかのように語っている。大衆は最悪の事例を通じ歴史を記憶するものゆえ、その程度を批判するのならいいのだが、朴教授は最も良い事例を提示し、慰安婦制度が性奴隷制度ではないという主張へ突き進む。これもやはり洞察力の問題である。

日本軍慰安婦制度は、日本が侵略と戦争を遂行するために企画した制度であるため、すべての慰安婦は深刻な人権侵害の犠牲者である。慰安婦制度が日本帝国の官僚的体制を通じ朝鮮人女性を強制的に動員した国家犯罪であるという構造的な見方を拒否するのであれば、慰安婦制度はどのように理解されるのであろうか。まず慰安婦に関する主要な事実がバラバラに分解されるだろう。そのように事態を破片化するのであればいわゆる人道に対する罪としての性奴隷という観念は成り立たなくなるだろう。例えば、日本軍の司令部の慰安婦募集の指示は純粋にお願いであり、業者の詐欺的な募集は禁止されておらず、慰安婦を国外に移送した軍人は交通便を提供した親切なおじさんであり、慰安所を設置した部隊長は様々な便宜を図り後ろ盾になってくれた格好良い人であり、慰安所にやってきた軍人は帝国主義の軍隊に連れてこられた可哀想な人間にすぎない。もはや誰の何を処罰できるのだろうか。国家犯罪を否認する側は常にこのように官僚的で組織的な犯罪に対し破片化戦略を推し進め、事態を縮小させ歪曲する。ユダヤ人虐殺に関わったドイツ人の行為も徹底的に分離して論じたならば、果たして誰がどのように処罰を受けたというのであろうか！

朴教授も構造的責任について指摘するが、まったく特異な方式を採用している。法的責任を強化したり補強したりするためにではなく、法的責任を全体的に無力化させ曖昧にするための装置として構造的責任の概念を用いている。朴教授は総体的に責任を規定しなければならない時には事態を引き裂いて責任を薄め、厳しく責任を追及しなければならない場面では加害者を被害者化し、朝鮮人軍人と善良な日本軍人を順番に登場させ加害者と被害者の構図を崩壊させる。そして挺対協は慰安婦は20万人であったという俗説を流布させ、慰安婦の被害者は少女だけであったと主張して少女像を建てたと、冷酷な表現で批判的に取り上げる。朴教授の主張の通り、既婚者が含まれていたり、被害者の数が3万名程度であったとしても、性奴隷制の本質がかわるわけでもなく、慰安婦に対する日本の法的責任が消えるわけでもない。全体的な視覚から慰安婦問題を見る必要がある。

筆者は慰安婦制度を、日本が国家としてファッショ的な動員体制を通じて婦女子を慰安所へ誘引し、日本軍人に性的サービスを提供するように強いた性奴隷制（sexual slavery）だと理解している。〈注1〉これは国際社会の理解でもある。日本の軍慰安婦制度は国際人道法の見地から見た場合、戦争犯罪（war crime）や人道に対する罪（crime against humanity）に当たる。ただ、第二次世界大戦が終わったころにきちんと断罪されなかったというだけである。性奴隷制度を設計し動員を指示した国家権力の核心部、たとえば天皇と内閣、そして軍司令部の主要な人物、慰安所設置部隊長などが戦争犯罪と人道に対する罪の主犯であるならば、慰安婦を募集し、輸送し、監禁し、管理し、利用した者たちはその下級犯罪者たちということになる。

一方で朴教授は、性奴隷制としての慰安婦を売春のイメージのなかにセクシャライズ（性愛化）することで、慰安婦制度を社会の古い慣習のようなものとして扱っているようにみえる。かつて発展した日本の海外移送売春女性に関する話である「からゆきさん」を第一章から詳細に論じていることから特にそのことがわかる。しかし、日本がそのような伝統を持っていたとしても、日本帝国が朝鮮人女性への蛮行を行って許されるという権利はない。また、日本の伝統に基づき日本人女性を軍慰安婦とすることも人道に対する罪に該当する。どちらにしても慰安婦を売春女性と規定するのならば、この問題を戦争犯罪や人道に対する罪として規定することに困難が生じうる。おそらく朴教授が基準としている良識的な日本人たちは概してこの程度の道徳的奸計に陥っているように思われる。そのため、日本の当局者たちが連行の強制性の否定にあらん限りの力を尽くしているようにみえる。慰安婦を売春と規定し、慰安婦制度の不法的な要素を消していけば慰安婦問題は自然と解消できるためである。朝鮮人業者だけの犯罪として浮かび上がらせることができれば錦上に花を添えることになろう。

2. 朴教授の構造的責任論

朴教授は、慰安婦を日本軍が強制的に連れて行ったという証拠が発見されていないので、慰安婦の動員に関して日本軍に法的責任はないと主張する。筆者も日本軍が朝鮮の様々な場所で女性を強制的に連行し、集団的に暴力を行使して強姦したと考えているわけではない。植民地動員体制を通じて朝鮮人女性の性を容易に収奪できたため、日本軍があえて朝鮮人女性に物理的で直接的な暴力を行使する必要がなかったからである。構造的に整えられた植民地体制を通じ、支配のプレミアムを利用し無理なく性の需要を満たすことができるのに、日本当局がなぜ暴力を行使する必要があろうか。朝鮮が植民地であったという事実、植民地として安定化していった事実は日本当局の暴力が、自然で野放しの暴力から制度的な暴力へと移行したことを意味する。戦争中に東南アジアの女性には、露骨な暴力が野放しに行使されていたとしたら、朝鮮人女性には制度的暴力が「合法的に」行使できたというわけである。朴教授が東南アジアの女性への日本軍の戦時強姦と慰安所の中での朝鮮人女性に対する暴力のないセックスの区別に熱心であるのは、一体どのような実益があってのことなのか理解できない。

研究者たちによると、朝鮮人「慰安婦」の連行において一般的に、警察、行政公務員、業者などの三者が一つのグループであったことが明らかになっている。慰安婦被害者たちは、自身を連行した主体を軍人、警察、公務員（面長・区長）、業者などと様々な人物を指摘している。そのうちの半数以上が業者（人材紹介業者）であると証言した。そのため朴教授は強制力を行使した者は業者なので、慰安婦動員は業者による犯罪であると規定してはばからない。朴教授は「現実的な強制力」と「構造的な強制力」という区分を通じて慰安婦の動員の暴力的なイメージを業者へと完全に転嫁している。業者が現実的な強制性を行使したというよりは、慰安婦の動員を末端で直接的に実行した者が業者であるするほうが正しい。現実的な強制性はそれだけを取り出して考えられるものではなく、植民地支配構造の権限委任に由来するものであったためである。業者（事業主）〈注2〉の暴力性を過度に強調することで、天皇から業者にいたるまでの上意下達の官僚制である軍事組織のもとで緻密に存在する主要で実質的な責任主体をごっそりと消去させてしまう。日本政府や天皇は「せいぜい」構造的な強制性の論理的帰結点として登場させているだけである。構造的な強制性に立脚した構造的責任論は、法的責任を認めるための論理ではなく、法的責任を否定するための手段であるという点はすでに指摘した。さらに驚かされることは、朴教授が構造的責任を論じながら日本の責任要素であると提示したものはどれもみな慰安婦の動員に直結しない事柄だという点である。例えば、日本が戦争を引き起こしたという点、大規模な性的サービスを必要とする軍隊を維持したという点、朝鮮を植民地にしたという点、業者による慰安婦の連行を黙認（？）したという点において日本政府に責任があると主張している。これに対する私の考えはシンプルである。法的責任の要素がないのであれば責任をこれ以上論じることはやめにすればいいではないか。朴教授が日本の直接的な責任要素を否定し、その代わりにこのような遠回しな形式で日本の責任を取り上げることは、重大な人権侵害行為を否認したいがための振る舞いであるようにみえる。

朴教授の構造的責任論は、責任を強化し責任の帰属先を明確にさせるための装置ではなく、末端に責任を転嫁し核心的な戦争指導部の責任を免除する方法である。そのような緩く構造的で象徴的な水準の責任だけが日本政府に存在するとみるならば、慰安婦問題を日韓両国間の懸案事項から除外しておかなければならなかったことになる。だとしたらアジア国民基金も不要な措置だったのであり、韓国側はこれを過分なものとして甚だ感謝して受け取らなければならなかった。同時に、日本政府に植民地支配の責任者として慰安婦動員の「疑い」をかけるということもありえないことになる。

3．日本の直接的責任

日本政府と日本軍の司令部は行為者として直接的な法的責任を負わねばならない。慰安婦制度は、統治の瑕疵や不作為ではなく統治の犯罪（作為）であった。直接的な法的責任が存在するのにもかかわらず、象徴的で構造的な責任を云々することは欺瞞である。

当時の刑法は、海外移送を目的として人を略取したり誘拐したり金銭を代価として人を売買する行為を犯罪と規定していた（刑法第226条）。刑法規定は略取であれ誘拐であれ同一の犯罪として処罰するという点に特に注目する必要がある。日本の右派らは軍隊による強制連行（略取行為）がなかったならば日本に責任はないという論理を構築してきた。「強制性の消費者」として日本の右派たちは強制性の概念を用い大衆心理戦を繰り広げてきたわけである。彼らは強制性に関するそれらしい印象を広め、日本の責任を薄めようとしている。つまり、野蛮な物理的強制力を軍隊が直接行使しなかったならば強制連行ではないという稀有な論法を駆使しているのである。法はそのように無知な主張を高く評価しない。朴教授がこのような論理に便乗し、責任の有無を規定しないのは残念である。ともかく刑法は略取（拉致）であれ誘拐（就業詐欺）であれ人身売買であれ、同一の罪名で処罰する。法的には重要ではない強制連行にこれほどまでに固執する理由は、日本の否認主義者たちへ慰労を提供しようとする朴教授の人道的動機だと思われる。

朴教授は日本軍が慰安婦の拉致や誘拐を指示した証拠がないため、違法な動員の責任は慰安婦を直接募集した業者たちにあると主張した。しかし朴教授の主張は不当である。朴教授が仮定するように日本の軍部が違法な動員を指示していなかったとしても、日本軍が刑法第２２７条の犯罪者であることに変わりはない。刑法は、第２２６条における犯罪の被害者たちを引き取る者も、略取誘拐の幇助犯として処罰の対象としているためである（刑法第２２７条）。業者の責任を過度に強調し、日本政府と軍隊の責任を薄めようとする試みはここで再び水泡に帰す。慰安所を設置・運営して慰安婦を受け入れた部隊の指揮官を犯罪の主体とみなすのは何の問題もない。そのため当時は法的に罪は成立しなかったが、止む無く日本政府が構造的責任を道義的に負うという朴教授の主張は正しくない。朴教授はいわゆる官僚的組織犯罪の特性を全く理解していない状態にあるといえよう。

では、日本の軍部が慰安婦の動員を指示したのであればどうだろうか。日本軍の司令部は刑法第２２６条の共同正犯や教唆犯に該当することになる。朴教授は違法的な慰安婦募集を指示した証拠は発見されていないと主張する。さらに１９３８年の慰安婦募集に関する軍隊内の最後通牒である「軍慰安所従業婦等の募集に関する件」を提示し、これを違法な慰安婦募集を禁じた軍隊の措置と捉えた。朴教授は小林よしのりに倣っているようである。しかし、この史料を、慰安婦の連行が軍の名誉を失墜させないように巧妙で慎重な方法を活用せよという趣旨であると解釈する吉見義明の見解が状況として正しいだろう。実際にこのような通牒が出される前に、日本では軍慰安婦の拉致事件についての裁判が１件行われている。満州事変直後の１９３２年春に長崎の女性15名が誘拐され上海海軍指定慰安所で２年間の性奴隷生活を強いられた。１９３７年、大審院はこの事件に対し、慰安所経営者と仲介人を刑法第226条に基づき処罰した。まだ軍国主義の波が日本全域を覆う前の司法組織が、それなりに人権保護の機能を遂行していたことを示す事例である。しかしこの事件で大審院は、婦女子拉致を指示し依頼した軍隊とその指揮者の責任は不問に付した。この事件を背景として、前述の最後通牒が発布されたという点に注目しなければならない。同時に1937年、日中戦争直後に性的サービスに対し日本軍隊のすさまじい需要が生じたことを考慮すれば、大勢の慰安婦を合法的に調達することが不可能であったことから、急に軍部が人権を強化する禁止規定を下すとは考え難い。したがって物議を醸すなという指示は、日中戦争以後に厳しくなった国際社会の目を意識した政治的・法的虚偽表示または腹話術であったと解釈するのが適当であろう。〈注3〉

軍慰安婦募集に関して裁判にかけられた事例が1件しかないという点も、軍慰安婦の連行は刑法的には犯罪であるが慣行上は全く処罰されていなかった犯罪であるという点を確認できる重要な証左である。朴教授は、当時は違法な募集を禁じたが、実際に取り締まらなかったという点において日本政府の責任があると主張する。日本政府が慰安婦動員の責任を取らなければならない理由が、業者の慰安婦動員を黙認したためであるならば、私たちは隣国の政府にあまりにも高い水準の責任を追及しているということになる。しかし日本政府や日本軍の司令部、朝鮮総督府、朝鮮軍司令部は腕をこまねいて見物をしている見物人や、アルバイトの学生ではなかった。朝鮮総督府は朝鮮の婦女子、未成年者を軍慰安婦にするために刑法上の略取誘拐罪を有名無実にする職業紹介法制を導入し、実際に軍慰安婦の動員を包括的に許容した。

日本帝国は朝鮮での軍慰安婦募集に関し、司法当局がこれ以上介入したり統制することができないように法制度を構築した。植民地における法統治の二元性ないし二重性がそのまま現れる点を韓恵仁《ハンヘイン》は最近の論文で詳細に論証した〈注4〉。民間業者を統制する紹介営業取締規則が日本では詐欺的な募集を禁止する方向に働いたとすれば、朝鮮ではその紹介営業取締規則の法令を粗略に規定し、便宜的な方法を使用できるように作られた。刑法で慰安婦の略取誘拐を犯罪と規定しておきながら、紹介営業取締規則ではこのように紹介業者の便宜的な行為を許容したということである。日本は朝鮮植民地で、その後の総動員体制において制定した朝鮮職業紹介令（1940年）で民間業者に対する許可と統制に関する規則を定めることで、朝鮮総督府をはじめとする官が介入した慰安婦動員の法制を完全に整えていたということになる。したがって慰安婦制度の犯罪は、業者らの拉致・詐欺・人身売買のみに限られたことではない。国を挙げて1次から4次の「慰安団」を組織的に募集できたのも、このような国家的な動員体制のおかげであった。

植民地支配体制は、立法と司法の側面から朝鮮人婦女子を軍慰安婦として動員できるように完璧な体制で支援した。差別的で不法な二元的な法構造の中で、朝鮮人女性は組織的な国家犯罪の犠牲となったというわけである。慣行上、人身売買を取り締まらなかったことは非難されるべきであるが、法としては禁止したので日本政府は基本的な義務を履行したという朴教授の評価は事実に即していない。また、日本と朝鮮は同一の条件下にあったが、飢えや非情な父親の家父長的な人身売買によって朝鮮人女性が慰安婦動員の犠牲となったという朴教授の主張もまた、理解できない。朝鮮人慰安婦は、朝鮮と日本の差別的動員法制の犠牲となったという点に注目する必要がある。もちろん、朝鮮人慰安婦たちは家父長制、戦争権力、植民地支配権力の犠牲者だったということにかわりはない。朴教授が朝鮮の家父長制を非難しながらも、権力としての日本帝国に対しては切れ味の悪い刀を使用する理由がわからない。

朴教授は慰安婦問題に対し主な責任は日本にあると主張しながらも、責任の根拠を性的サービスに対する巨大な需要を持つ軍隊を維持することにあると捉えている。しかし、このような形で責任論を戯画化して語ることができるのかは疑問である。責任の核心をあまりにも周辺的な状況へと押し込めてしまい、周辺的な背景を持ちだして軍慰安婦問題を議論しているためである。朴教授は軍当局の慰安婦募集の指示の刑法的意味を全く議論していない。（軍が）指示した証拠はないと主張してみたり、逆に軍の指示があったという事実も述べているので吉見の主張を完全に否定しているわけではないようである。このような形の叙述が歴史に対する態度として正しいのかは疑問であるが、その場合、朴教授は何を軍の指示と理解しているかが気になるところである。慰安婦募集の指示を、不動産屋に物件探しを頼む程度のものと低く見積もることはできない。朴教授は「朝鮮人」業者の利潤追求の欲望を非難し、業者を強制連行の主犯に仕立て上げることに心血を注ぎ続ける。実際に『帝国の慰安婦』の基本的な主張は朝鮮人業者の再発見にある。これによってあらゆる責任問題の形勢転換が可能だと考えているためである。日本に過去事の責任を追及するためには、韓国が先に朝鮮人業者を処罰しなければならないという主張である。私たち全てが協力者の側面を持っているというように根源的に主張する。しかし「日帝強占下反民族行為真相究明に関する特別法」が「日本軍を慰安する目的で、主導的に婦女子を強制動員した行為（第2条12号）」を国権を売り渡した売国行為と同じように反民族行為だと規定したという事実を、朴教授が把握しているかどうかは疑問である。親日真相究明委員会がすでに一部の朝鮮人慰安所業者らを親日派と規定しているという事実を強調したい〈注5〉。

朝鮮人業者が実行者としての役割を担ったとしても業者に主導権があったわけではない。最近、安秉直《アンビョンジク》教授は、軍慰安所の管理人として過ごした人物が書いた日記を翻訳し出版した。彼はこの本の解題で、付録として掲載した連合軍捕虜訊問調書と調査報告書を分析し「慰安所業者たちが営業のために慰安婦たちを連れて日本軍部隊について回ったのではなく、日本軍部隊が下部組織として編成された慰安所と慰安婦たちを前線へと連れだした」と結論づけた〈注6〉。

日本軍司令部の指示が軍国主義国家において、さらに植民地においてどのような意味を持つかについて、朴教授の想像力はあまりにも乏しいようである。軍国主義における植民地体制において指示がどのような命令系統を通じて現場で貫かれたのかについて留意する必要がある。朝鮮は陸軍大将や海軍大将が総督として君臨する特別占領地帯であった。司令部の指示は不動産の紹介依頼とは異なる。慰安所の設置は徹底した軍隊の計画と指示によるものであった。慰安所が大規模に設置されはじめた日中戦争の最中に、華中では1937年12月中支那方面軍の指示により、華北では1938年6月北支那方面軍参謀長の指示により、さらに華南では1938年11月第21軍司令部の指示により、慰安所が設置されはじめた。朴教授のように運営主体として民間業者の慰安所を強調するとしても、それすらも軍隊の徹底した管理と統制の下にあったという点に変わりはない。慰安婦問題の主犯は業者ではなく日本軍部であった。朴教授は植民地と軍国主義体制の本質に対してもう少し勉強されたほうがいい。

日本軍が慰安婦を連行したことは人身売買禁止協約に完全に違反している。婦女子を醜業に利用するため拉致したり、誘引したり、売買したり、輸送したりする行為は、それ自体として国際法に照らし違法であった。慰安婦募集は日本が加入した「醜業を行わしむる為の婦女売買取締に関する国際協定（1904年）」と「醜業を行わしむるための婦女売買禁止に関する国際条約（1910年）」が禁じる人身売買に違反していた。

もちろん、日本は1910年の協定で植民地での適用を留保したため、朝鮮で行われた慰安婦の人身売買や動員は協約の適用を受けないと主張する。しかしここでも植民地の二重的で差別的な法体制に注目するとしたら、「慰安婦」を帝国の市民としての協力者であり「帝国の慰安婦」であるという朴教授の見方はあきれた押し売りである。朝鮮人は社会的に差別されたのではなく法的に差別されていたのであり、二元的統治方式を通じて植民地女性はたやすく性奴隷制の餌食となったのである。さらに趙時顯《チョシヒョン》の指摘のように朝鮮人慰安婦は日本国籍の船舶で中国や南洋群島に輸送されたため、慰安婦の移送はどちらにしてもこの協定に違反しているものである〈注7〉。

4. 慰安所――遊廓か強姦キャンプか

慰安所の形態は多様である。軍直営の慰安所、業者の慰安所、混合型慰安所がある。どの形態でも慰安所は軍の管理・監督下に置かれていた。朴教授は、一日数十人を相手に酷使され暴力に苦しめられ捨てられた慰安婦について取り上げながらも慰安婦の他の側面を非常に強調する。慰安所では必ずしも強圧的なセックスだけがあったのではなく、文字通り対話し慰められることも少なくなく、慰安婦と日本の軍人たちの間で遊んだり結婚したりした事例もあったと主張する。被害者である慰安婦には肯定的で明るい側面も存在すると強調する。『帝国の慰安婦』は慰安婦の運動団体が採録した慰安婦被害者たちの証言集からこのような場面を切り張りして集めたように見える。そのような資料を使って論を組み立てておきながら、挺対協を他の声を抑圧する勢力であると非難するのはいったいいかなる学問的方法論であるのか疑問である。どちらにしても朴教授が慰安所でのロマンチックな場面に注目することは、果たして全体の責任に関する議論に対し適当な分配方式なのだろうか。人間は地獄にあっても夢を見なければ生きていけない存在である。被害者をさらに犠牲者化するのはやめようという主張には同意する部分はあるとしても、被害者と加害者の構図を転倒させようとするところまで至っている朴教授の提案は非常に危ういものである。

朴教授は（女性たちの状況を）性奴隷と規定することは慰安婦の女性の主体性を過度に奪うため、

そのように規定する行為は彼女たちに対する侮辱であると憂慮する。慰安婦の人権のために性奴隷という言葉を慎まなければならないという主張である。しかし朴教授の道徳的憂慮は、日本人が性奴隷という表現を聞いたときに感じる負担を減らそうという人道主義的な動機のように感じられる。また朴教授のように慰安婦は売春婦だとか日本の軍人と同志的関係であったと主張することは、慰安婦の人権と名誉にとって良いことなのかどうか疑問である。今、この地点において、果たして誰が慰安婦生活の中で起こった美しい一時を記憶し語る慰安婦の権利を抑圧しているというのだろうか。日本大使館前に佇むジャンヌ・ダルクのような慰安婦の像であろうか、それとも慰安婦を売春婦だと厳しく責め立てる人たちだろうか。日本の軍人と日本人慰安婦の関係を同志と設定する作品の記述をもとに、朝鮮人慰安婦も同志的関係であったと一般化することは不適切であろう。同時に日本の軍人と日本人慰安婦の関係を同志として説明することは、果たして正しいアプローチなのかについても疑問である。フェミニズムの観点からは慰安婦は家父長制の非人道的な犯罪であり、平和主義の観点からは戦争犯罪であると規定されなければならないからである。朴教授は侵略と戦争に対して、抑圧を受ける女性や主権を剥奪された民族の観点ではなく帝国の視点から接近しているといえる。

朴教授は性奴隷制という概念を暫定的に受け入れるが、おかしなことに「植民地百姓は奴隷」という論理的過剰を通して性奴隷概念を無効化させる。前述の構造的責任論の論理と同じである。朴教授は慰安所で強圧的なセックスもあったという点は認めるが、慰安所での性的関係が全て強姦というわけではなかったと主張しようとしているようである。私は法学者として暴力性をここでもう一度確認したい。朴教授は慰安所で性的サービスに前後して暴力が行使されなかったと主張する。慰安婦たちが街に出かけることもできたし、軍人たちと写真を撮ることもできたと強調する。これは日常事の足元を踏みつける陳述である。しかし朝鮮の若い婦女子を本人の意思に反して南中国や南洋諸島の慰安所に連れて行き、街への外出を許可したからといって彼女らに自由があったと言えるのだろうか。慰安婦にはセックスを拒否する権利がなく、慰安所から離れる権利もなかった。彼女らは全体的に自由のない状態に置かれていた。脱出の意思と情熱を失った慰安婦女性に暴力を行使し性欲を満たそうとする軍人がいたとしたら精神に異常を来していると言わねばならないだろう。慰安所という巨大な暴力の構造の中に慰安婦が自由を失った状態に置かれていたという点に注目すべきであり、性を搾取するまさにその場面での軍人の物理的暴力性の有無を論じるとは、それが学問であると言えるのか全くもって不可解である。朴教授は慰安所の風景が人間的共感の場であるという説明を懸命に試みているが、慰安所で慰安婦たちは抵抗のできない状態にあり、そのような状態にある女性を姦淫する者は準強姦罪（刑法 第178条）に該当する。慰安所のなかでは全ての日本軍人は強姦犯であり、幇助犯である。

　朴教授は、慰安所で日本軍将校に出会い、愛され、その人の助けで慰安所から解放されたシン・ギョンランさんの事例を強調するが、これは決して平均的な事例ではない。さらにシン・ギョンランさんの帰国は慰安婦の自由を示しているのではなく、日本軍将校が保証した証明書を所持していなければ帰国（より正確に言えば慰安所からの脱出）が不可能であったという点を証明する事例として解釈されねばならない。朴教授は東南アジアの現地の人が朝鮮人慰安婦を日本軍人と同じように敵として理解していたため、日本軍人と朝鮮人慰安婦は帝国の市民として「同志的関係」であったという結論を下した。このような同志的関係にあったので、戦争が終わった後も朝鮮人慰安婦が日本軍の負傷者を看護したと主張する。選択の余地がない女性が諦めて順応する状況を帝国の慰安婦として、同志として、協力者として描写するとは全く驚くべき文学的想像力である。さらに慰安所に訪れた軍人も戦争に追い込まれた被害者と規定した部分は、朴教授の責任理論の深刻な混乱状態を見せてくれる。また朴教授は慰安所に向かった軍人の中には朝鮮人もいたことを強調する。しかしこのような意図的な混乱を通じて慰安婦が日本軍の性奴隷であったという認識を変更したり、緩和させたりすることが可能であるのか疑問である。

慰安所は日本帝国の緻密な国家犯罪であった。いわゆる慰安婦は日本帝国の慰安婦ではなく、日本帝国の性奴隷である。日本軍の計画と指示により募集され、慰安所へと移送された後、慰安所で性の提供を強制され、慰安所から抜け出す権利も剥奪された。慰安婦たちに自由はなかったので慰安所は強姦キャンプであり性奴隷制度であったということである。この点については、２０００年に開催された日本軍性奴隷制を裁く女性国際戦犯法廷においてすでに出された結論である。また１９３０年代には奴隷制禁止はすでに慣習国際法となっており、日本軍性奴隷制は、このような奴隷制禁止規範にも違反していた。朴教授は、東南アジアの女性やオランダの女性を相手に日本軍が戦時状況にあって強姦をし慰安所へと連れていった事例と、朝鮮人の慰安所を区別しようと苦心するが、それは法的に重要な事項ではない。法的に重要ではない事項を区別し続け、前者を「戦利品」、後者を「軍需品」と呼びながら事実を歪曲させようとすることは、強制連行は存在しなかったと主張する論理と似ている。朴教授は暴力の制度化の違いを理解せず、「強制性」の概念をここでも濫用しているのである。国際社会は戦時性暴力を戦争犯罪や人道に対する罪と規定しており、かつてニュルンベルク裁判所設置憲章、極東軍事裁判所設置憲章、連合国管理委員会規則第10号では、強姦や非人道的行為、残酷な行為というように性暴力が表現されたが、ユーゴスラビア国際刑事法廷を経て強化された最近の国際刑事裁判所に関するローマ規程では「強姦、性的奴隷化、強制売春、強制妊娠、強制不妊、深刻な性暴力」などと具体化して表現されている（第7条、第8条参照）。朴教授が『帝国の慰安婦』において言語的な魔法をどんなに駆使しても、慰安婦問題はやはり性暴力の範疇に属するしかないのである。

5. 女性のためのアジア平和国民基金

朴教授は、女性のためのアジア平和国民基金（1997~2007）の意義を高く評価する。国民基金は、いわゆる首相のお詫びの手紙と償い金を慰安婦に提供するための財団であった。日本政府だけでなく、多くの市民、政治家、知識人たちがこの基金に参加したという。朴教授は日本の責任を徹底的に否定する保守勢力と日本の責任を履行しようとする良心勢力との間の避けられない妥協であったと評価する。そのため朴教授は韓国人がそれ以上を要求することは合理的でないと批判する。筆者も国民基金が慰安婦問題に対する、日本の最も発展的な形態の責任の履行の試みであったと捉えている。ところが、韓国の挺対協が主軸になって慰安婦被害者たちに国民基金が提供するお金を受領しないように誘導し、台湾と韓国の被害者たちは、受領を拒否する結果となった（この基金を受け取った一部の慰安婦被害女性たちもいる）。朴教授は、挺対協のこのような拒否の行動が善良な日本人たちに傷をつけ反韓の雰囲気をもたらしたと指摘し、挺対協や日本の左派が権利救済を妨害し被害者の人権を侵害しただけでなく被害者を社会改革の道具にしたと批判する。では、挺対協の問題提起は、朴教授の批判の通り不適切だったのだろうか。国民基金は「法的責任」を履行しようとする方法には当たらない。公的な法的責任を追及する被害者に対し、法的責任を否定したまま償い金を支給するということは、なだめすかす形の謝罪であり、被害者の窮地を利用した被害者に対する侮辱である。朴教授の主張のように、そのお金の大部分が政府から出されたものであったとしても、それは公的な国家の責任でもなく法的な責任でもない。そこに首相のお詫びの手紙が同封されたとしても変わるものではない。「国民基金」であるといっても事態は変わるものではない。南瓜《かぼちゃ》に線を書いたとて西瓜《すいか》にならないのと同じことである。

被害者たちの中には、生活に困窮して特に悩むことなく基金のお金を受け取った場合も、そのお金と首相からのお詫びの手紙で法的責任の履行であると誤解した場合もあり得るだろう。朴教授は善良な日本人の心の傷について言及するが、慰安婦被害者たちへ責任を公的に履行する代わりに個別に撃破する方式で接近する態度は反則である。それなのに慰安婦問題は被害者個人の人権問題だというように主張するのはすさまじい人権攻撃である。法的責任があると判断するのであれば、加害者が犯罪の真実と法的責任を否定しながら渡すお金を拒否する方が正しい。運動団体らが慰安婦被害者らを放置し、いきなり政治的大義を掲げて被害者を道具化したという朴教授の批判は行き過ぎている。国民基金を拒否する過程で韓国政府が慰安婦被害者たちの生活支援に乗り出した。挺対協が政府にそのような措置を適切に促してきたためである。韓国と台湾の被害者たちにとって法的責任の認定は、お金を受け取る問題であるというよりはもはや自尊心の問題となった。韓国の市民社会もそのように考えているが、日本は問題の本質を見逃し低いレベルの処方を提示しようとしたのである。そして現在でも国民基金を神の一手だと考える日本の知識人たちが少なくないということは誠に遺憾である。特に大沼保昭は、日本国内の政治的失敗を韓国の被害者たちと人権団体に転嫁してきた。責任原則に忠実でない国民基金の発足が政治的失敗であったのにもかかわらず、彼は被害者たちが償い金の受け取りを拒否したことが政治的失敗であると考えている。

人権の回復過程においては、人権と民主主義に徹底して献身するという社会的大義を打ち立てることが重要である。朴教授の考えとは異なり被害者は道具化されたわけではなく、公的な意味脈絡の中で高揚したのである。人権被害の救済の主眼点は金銭提供にのみ限定されるのではなく、人権尊重の社会を形成し、再発防止の保証を準備することにある。重大な人権侵害事件では個人的救済の次元と公的な救済の次元が同時に存在する。国連総会が採択した「被害者の権利章典」は、この二つの側面に注目していることは明らかである。慰安婦問題は植民地支配と戦争とが絡みあう問題であるため、それに対する定義は現在においてもトランスナショナルに展開されなければならない。このような人権侵害が二度と発生しない社会構造を作り、さらには人権を尊重する国際秩序を形成することに対し、人類の一員として私たちは集団的な権利を持つ。法的責任の認定を拒否する国家の不誠実な処方を拒否した挺対協の方針は、被害者の権利章典の趣旨に合っているものである。

日本が法的責任を認め、公的な謝罪をする瞬間がいつ訪れるのかはわからない。しかし日本が人権と民主主義をさらに徹底する国へと高められ、その過程で自然と慰安婦被害者たちへの法的責任を認め、公的な謝罪を行うことを望んでいる。その時、その謝罪は日本が誇るべき作品となる。内部的な変化なくして外交的に得られたお詫びはどこに使われようか。内面的な変化もなく無理やり提供された償い金はそれ自体に何の意味があろうか。内面化、内的成熟に基づく謝罪のみが、日本のみならず韓国、さらには東北アジア全体の平和に寄与できるものであろう。慰安婦被害者たちが挺対協にけしかけられて無理やり闘士にされたと朴教授が考えているのであれば、それはあまりにも幼稚な理解である。彼女たちが常に弱々しい被害者で非主体として存在しなければならないという偏見は捨てなければならない。彼女たちは大義を作り闘争し愛を分け合いながら過去を克服する。実際に慰安婦問題が日韓両国間の懸案として浮上し始めたことで、韓国社会は性売買や性暴力、セクシュアル・ハラスメントなどの性的な問題領域を省察するようになった。

最近では、日本共産党の議員が慰安婦問題に関連して新たな特別法案を提出したそうである。すぐに通過することは期待できないが、真実究明や公式謝罪、法的責任の履行、教科書記述、市民教育などを含む法案であるといいと思う。このような条件の上に存命中の被害者が加害者としての日本政府や集団としての日本、そして個別的な加害行為者たちを個人的にも許すことができればよい。

6. 結び

朴裕河の『帝国の慰安婦』は、最近出版された著作の中では責任について最も多く言及したものである。しかし責任の基本とは法的な責任であり行為の責任であると考える。これは筆者が法学者であるからではない。過去の悪行（罪）を明らかにして、責任を履行しようとすることと、それとは無関係に現実をより良い方向へと改善しようとすること（政治的責任）は次元が異なる。重大な人権侵害において法的責任につながらない責任論は真正性がない。法的責任を排除した論理は実際に責任を無効にしたり空虚にしたりするためである。日韓関係の過去事と関連した責任論は特に疑問を持たれやすいテーマである。日本の学者らの相当数が法的責任を否定し、その否定に基づく道義的責任や人道的責任を論じている。法的責任がないのであればそこで終わりであり、なぜ人道的責任を履行しようとするのか理解できない。朴教授も日本が法的な間違いを犯していないと考えるのであれば、日本にまた別の責任を履行しろと主張してはならないであろう。

日本軍慰安婦に対する日本の責任を論じる際に、朴教授は朝鮮人業者、朝鮮人軍人について言及しており、朝鮮人の家長の人身売買を非難し、貧困や階級について嘆き、朝鮮戦争でも維持された韓国軍慰安婦、洋公主《ヤンコンジュ》、韓国の性売買の慣行を叱咤した。彼女の指摘は全て正しいが、それが日本軍慰安婦に対する日本政府の責任を認めたり否定したりする核心になり得るのか疑問である。また朴教授は良い日本人についての言及を続ける。慰安所で慰安婦に小遣いを与え兄妹のように接した良い日本軍人、慰安婦被害者たちが生活している「ナヌムの家」でボランティア活動をする良い日本人たち、国民基金に自発的に寄付した善良な日本人たち、そのような基金を作るために積極的に努力した良識的な日本人たちについて語るのである。彼らは賞賛されるべき人々である。日本人がすべて悪であるわけではないし、日本人全体が悪いと言えるわけでもない。日本人が全て悪いという考え方をする人のほうが少ないだろう。結局これらはすべて、慰安婦動員と慰安所制度が国際犯罪で、これに対する責任が日本にあるという事実になんの影響も与えない。慰安婦たちは彼女の著作の題目通り「帝国の慰安婦」、つまり「日本帝国の国家犯罪の犠牲者たち」であるためである。

朴教授が強調する様々な事例と側面を合わせてみても、慰安所が人道に対する罪で性奴隷制だという総合的な判断を覆すことはできないだろう。朴教授はこのような評価を打ち壊すことはできないと考えているようにみせながらも、周辺的情況を執拗に提示しながらこれに挑戦する。朴教授は従来の判断を揺さぶるために多くの批判を動員したが、それらを皮相的に使用したり自身の結論に合わせて中途半端に切り取ったりしている。例外的なものを詮索し形象化することは、文学の世界では新しさと奇抜さを生むがゆえに価値がある。作者がより高い水準へと責任を高めようとするのであれば彼女の文学は人類に奉仕する。しかし文学が、法的結論としての国際人道法の原則を否定し、本当の加害の権力に免罪符を与え被害者を協力者として厳しく責め立てるとき、文学は死を迎える。おそらく歴史の記述者は、全ての物事を正直に記録することでその責任を果たすことになる。しかし中心的なものと周辺的なものを分類し配置する作業に感情の動揺が沸き上がるのであれば、その作業は中断されなければならない。知性の誤謬の訂正はたやすいが、一度定まった感性の誤謬は矯正するのが困難だからだ。

〈注〉
〈1〉安秉直『日本軍慰安所管理人の日記』プルピッ、2013年〔안병직『일본군 위안소 관리인의 일기』풀빛、2013〕
〈2〉業者は募集に関与した人材紹介業者を意味し、事業主は慰安所経営者を意味する。
〈3〉金福童ハルモニは、戦争の終わりごろに慰安婦を動員した事実が知られることをおそれ日本軍が陸軍病院に慰安婦たちを看護員として偽装させ勤務するようにしたことを証言している。日本軍は慰安婦動員を戦争犯罪と認識していたということである。金福童ハルモニインタビュー「私たちは苦痛を分かってくれる人たちが多いから幸せです」(女性新聞、2013年8月7日付)
〈4〉韓恵仁「総動員体制下での職業紹介令と日本軍慰安婦動員：帝国日本と植民地朝鮮の差別的制度運営を中心に」『史林』46巻、2013年、376頁以降。〔한혜인「총동원체제 하에서 직업소개령과 일본군 위안부 동원—제국 일본과 식민지 조선의 차별적 제도운영을 중심으로」『사림』46권(2013)〕
〈5〉親日真相究明委員会で親日派として朝鮮人業者8名程度を調査し、最終的に2~3人が親日派と規定された。民族問題研究所が発刊した『親日人名事典』にはこれらのほとんどが親日派と規定され掲載されている。

〈6〉安秉直、前掲書17頁。
〈7〉趙時顯「人身売買に関する国際法の発達過程」『法と社会』第46号（2014）、233〜266頁。［조시현「인신매매에 관한 국제법의 발달과정」『법과 사회』제46호（2014）］

※本稿はインターネットジャーナル「アポリア」に2013年9月28日に掲載したものである。（http://www.aporia.co.kr/bbs/board.php?bo_table=rpb_community&wr_id=39）
筆者は法学者としての論旨を明らかにするために参考文献を追加したり、誤字・脱字を訂正し一部の文章を改めた。

筆者はこれまで慰安婦問題について集中的に研究したことはないが、『帝国の慰安婦』を読むことでこの問題の争点を一目瞭然に整理することができた。書評を投稿した後の2013年冬、韓国の「植民地冷戦研究会」で小さな討論会を開き、この書評に関する考えを発言する機会を持った。その時のコメンテーターの質問が記憶に残っているが、それは筆者が法律実証主義者であるのかという質問であった。議論を展開するための戦略上、日本の刑法やそのほかの植民地に関する法律と条約法だけを取り上げた筆者の方式がそのような質問を引き出したのであろう。法哲学や法学の方法としての法律実証主義者が過去事を清算するにあたり欠陥があるとは思えないが、自然法理論家が長所を持つという点も事実である。

朴裕河教授は、植民地秩序の残酷さやその克服への意志を持たないまま、植民地強制動員や慰安婦動員を本質的に帝国の法秩序や植民地合法性に立脚して解明した。筆者はこのような方式での理解は、まさに植民地合法主義（colonial legalism）であると規定する。朴教授はこのような論理的基盤のうえに粗雑に道義的責任を「道義的に」重ねた。すでに第二次世界大戦後に確立したニュルンベルク原則（1950年国連総会決議）によると、侵略犯罪、戦争犯罪、人道に対する罪のような国際犯罪は、国内法に立脚したものであれ、政府や上官の命令によるものであれ処罰されねばならない。筆者は、人道に対する罪のような自然法的な性格の規範に基づいて朴裕河の『帝国の慰安婦』を批判する必要はないと判断した。すでに2000年の女性国際戦犯法廷において性奴隷犯罪を人道に対する罪であるという結論が下されたため、これに言及するだけで十分であった。また国際人道法と国際人権法の網をくぐり抜け、当時の法制の実相までも背を向ける朴教授の議論に従い論じることにより、むしろ「帝国の法」に立脚してもなお慰安婦制度が犯罪であることを証明し、さらには内地と植民地の間の法制の犯罪的な二重性により合理化された性収奪構造を暴露しようとした。そうした場合「帝国の慰安婦」という協力者フレームは知的な妄想であることが明らかになるためである。

『帝国の慰安婦』は、韓国内の歴史学会でのニューライト系列である「植民地近代化論者」たちさえもが禁忌視する極限の性暴力の領域にまで協力者の関係を持ちだすことにより、日韓間の歴史と記憶の差異を両批判的に解消しようとする野心的なプロジェクトである。このような著作が和解を生み出すのは難しいだろう。今後、日韓両国間が未来のために必ず和解しなければならないということと、過去の戦争と人権侵害において両国が根本的に共犯関係にあったと主張することは、明らかに異なる。『帝国の慰安婦』は多くの歴史学者たちが指摘したように日本帝国からの視線のみを提示するため、全体的に植民地主義批判、植民地清算についての問題意識が希薄である。彼女はいくつかの証言から切り取ってきた断片的な事実を差異という名の下で恣意的に取り上げ、一般化不可能な結論へと突き進む。例えば、朴教授が強制連行を否定するのにシン・ギョンランさんの事例（日本の将校に証明書を特別に書いてもらい帰国した事例）を解釈する方法において、朴教授と筆者の解釈の違いにもう一度注目してもらいたい。朴教授はこの例を挙げて慰安婦に自由があったと一般化し、筆者はシン・ギョンランさんの事例も慰安婦に自由がなかった証拠として解釈した。

朴教授はネオナチの理論家、デイヴィッド・アーヴィング（David Irving）のような徹底的な否認主義者であるとまでは判断しづらいが、韓国の歴史学者にとっては避けられない修正主義者としてすでに落ち着いた。朴教授の著作は、本意ではないだろうが、韓国の学界にこの20年余りの間の慰安婦問題に対する成果と洞察を、学術的であれ政治的であれ総合する機会を提供してくれたのである。

（翻訳・古橋綾）

植民地解放闘争を矮小化する戦略
――朴裕河『帝国の慰安婦――植民地支配と記憶の闘い』

前田　朗

一　ねじれにねじれを重ねるプロジェクト

賛否両論が分かれる本だ。賛成・支持する論者の中に、日本の道義的責任を果たすべきという論者と、「慰安婦」問題などなかった、日本に責任はないという論者の両方が含まれ、奇妙な同床異夢状態ができあがっている。批判する論者も一様ではない。その意味で「問題提起」的な著作である。

書評の難しい本だ。「慰安婦」問題でねじれた日韓関係をさらにねじれさせるために書かれたとしか思えない。加害国側の日本男性である評者が、被害国側の韓国女性の本書を批判しても、ねじれが解消するどころか、いっそうこじれるだけで生産的でない。それでも書評をする理由は、日本側の事情の変化にある。第一に、２０１４年８月の朝日新聞記事訂正に始まる一連の狂騒によって「慰安婦」問題をめぐる議論が混迷を深めているからである。第二に、一部とはいえ本書礼賛が常軌を逸しているからである。

日本側の事情が変更になったから書評をするというのも奇妙な話だ。しかし、本書は2013年8月に韓国で出版された著作の「日本語版」と宣伝されているが、実は〈WEBRONZA〉連載の日本語版から書き始められた。最初から日本に向けて発信されたメッセージである。そうであれば本書をどのように読むのか、日本の読者にストレートに問いかけられている。日韓の双方を行きつ戻りつしながら、あえてねじれにねじれを重ねようと奮闘する著者のプロジェクトとは何であるのだろうか。少し考えてみたい。

なお、評者の認識について、『「慰安婦」バッシングを越えて』（大月書店）、『「慰安婦」・強制・性奴隷』（御茶ノ水書房）、『日本人慰安婦』（現代書館）参照。

二　練り上げられた方法論の特徴

本書の方法にはいくつもの特徴がある。WEB連載、韓国語版を経て、改めて日本語版がまとめられた経緯から言って、本書が採用した方法は意識的自覚的に選び取られ、練りあげられたものである。その方法論的特徴を確認していこう。以下に列挙する方法論的特徴はそれぞれ独立しているのではなく、相互に密接に関連し、補完しあう性格のものである。まずは分説してみよう。

第一に〈物語化〉である。「帝国の慰安婦」という表象が「戦争犯罪の犠牲者＝生存者」という表象に対する批判として提示され、「慰安婦」たるべく前向きに生きた「主体」が仮構される。そのために「主体の語り」が選定され、著者の論旨に沿わない語りは剪定される。それゆえ著者は千田夏光の「画期的な仕事」である『従軍慰安婦〝声なき女〟八万人の告発』（1973年）に依拠し、千田が「慰安婦」を〈愛国〉的存在として理解していたことを発掘する。そこに「慰安婦」証言の中から好都合な語りを縫合していく。

ここに本書の言う「記憶の闘い」の特殊な意味が明らかになる。著者は次のような表象を全面批判する。「慰安婦」を利用し、抑圧し、戦後は戦地に放置し（場合によっては殺害し）、戦後も沈黙を余儀なくさせた男性中心的価値観による「慰安婦」イメージの押しつけ、歴史の否認と記憶の抹消を図ってきた日本国家と日本男性（男性的価値観を共有してきた女性も含む）による「記憶の消去」に抗って、韓国をはじめアジア各地で日本国家の責任を追及する「主体」として登場した「慰安婦」被害者＝生存者たち――こうした従来の認識枠組みを否認すること。これが本書の戦略目標である。記憶を消去・占有しようとする国家権力に対して抗う被害女性の「記憶の闘い」は無化される。

本書は、「被害者」イメージを強調してきた韓国挺身隊問題対策協議会（以下「挺対協」）などの補償要求運動によって構築された「記憶」に、〈愛国〉のために生きた女性たちの「記憶」を対置する。これによって二つのことが可能となる。一つは、「記憶」の抑圧が日本国家によってではなく、補償要求運動によってなされたと描き出す。その結果として日本国家の責任を解除する橋頭堡を確保する。二つには、異なる「記憶」を有する女性たちの「記憶の闘い」を主戦場とすることによって、次に指摘する〈相対化〉を招き寄せる。

第二に〈相対化〉である。「性奴隷か、売春婦か」、「強制連行か、国民動員か」といった二者択一が次々と繰り出される。いずれかの決着をつけることが目指されているわけではない。二者択一を提示しつつ、双方に一応の根拠があると言えば、著者の論述は「成功」を収める仕掛けになっている。それゆえ著者は概念定義もせず、判断基準も提示しない。定義や基準を明示することは自殺行為となりかねないからである。

同じ理由から、著者は〈法＝権利《レヒト》〉を否認する。①国内法であれ、②国際法であれ、著者の行くところ見事に刈り取られて残骸のみが横たわる。①国内法で言えば、従来何度も指摘されてきたように、植民地時代の朝鮮半島に適用された日本刑法には国外移送目的誘拐罪の規定があった。帝国の外に連れ出す目的で行われた誘拐であるが、朝鮮半島で誘拐され、人身売買された女性の事件に適用できた刑法第２２６条を日本政府は適用しなかった。適用しないために国家的努力を積み重ねた。著者はそのことを知悉しているはずだが、軽視する。②国際法について従来、１９１０年の白色奴隷条約（醜業条約）、１９２６年の奴隷条約、国際慣習法としての奴隷の禁止、１９３０年の強制労働条約、そして人道に対する罪などが議論され、国連人権委員会でもＩＬＯ条約適用専門家委員会でも、日本政府の責任が問われてきた。ところが、著者は内容の検討抜きに、「日本に法的責任はない」と断定する。定義も基準も検討しないが、結論だけは明快である。〈法＝権利〉の否認は徹底しており、理念や規範が瀕死状態となる。

〈法〉の否認の背後には、植民地時代の帝国が勝手に制定した法に過ぎないという認識がある。だが、当時の法にさえ違反していたことが内外で確認されているのに、そのことは重視されない。また、当時の法は法として、そこに人権論を読み込む法律家の努力が積み重ねられてきたのに、一顧だにしようとしない。極端な「法ニヒリズム」である。

しかし、奴隷条約を単なる「帝国の法」と特徴づけることはできない。奴隷条約に至るまでに100年以上の奴隷解放を求める民衆の闘いがあった。カリブ地域の民衆による独立運動と奴隷解放運動（ハイチ革命、グレナダ革命等）に始まり、各地で成果を上げた。最後にアメリカ合州国の奴隷解放につながり、国際連盟での奴隷条約に結実したのである。「帝国」に抗する民衆が新しい「法」を形成する運動のメカニズムこそが重要である。しかし、「慰安婦」は帝国に従って〈愛国的〉に振る舞わなければならないという本書のテーゼにとって不都合な真実は消去される。

第三に〈主観化〉である。〈物語化〉と〈相対化〉に呼応し、これらを支えるのが〈主観化〉である。「慰安所」政策の歴史や背景、その客観的事実とは別に、「慰安所」に置かれた女性たちの体験は主観的に「記憶」され、「証言」されてきた。そうした証言を再び客観的状況に照し合せ、位置づけ直して、その意味を検証するのが歴史学の役割である。ところが、本書における〈主観化〉は、主観的に構築された物語の絶対化を意味する。それゆえ、主観と記憶を根拠に客観的条件を〈相対化〉することが可能となる。個別の女性の思いが歴史認識の根拠とされる。しかも、田村泰次郎、古山高麗雄など日本人男性作家が書いた小説が根拠になる。このことを指摘しても批判にならない。著者は最初から物語を語っているのであって、小説に依拠するのは「正しい」作法なのだから。

第四に〈分断〉と〈個別化〉である。著者によって、「主体」は「他者によって争奪戦を繰り広げられるべき戦場」に変容される。「記憶の闘い」は「主体をめぐる闘い」に移行し、亀裂と分断がフィールドを覆う。このフィールドで著者はふつふつとたぎる憎悪を込めて挺対協を糾弾する。挺対協こそが歴史認識を歪めた元凶であり、運動方針を誤った愚者であり、「実質的」に謝罪した日本政府を根拠もなしに非難して解決の糸口を失った責任者であり、被害女性を利用している、と論難する。

著者の論理は明快である。日本政府を説得しなければならないのに挺対協はそれに失敗したのだから運動を失敗に陥らせた責任がある。著者は、被害女性にもいろいろな考えがあると、被害者の要求を分断しつつ、被害者と「被害者を利用する」挺対協を分断していく。韓国の被害女性とアジア各地の被害女性も分断される。

挺対協の論理は、国連人権委員会に受け入れられ、ＩＬＯ委員会に受け入れられ、日本の戦後補償運動にも、台湾やフィリピンの被害者団体や支援者にも受け入れられ、そして２００７年にはアメリカ、ＥＵなど世界各国の議会や政府にも受け入れられた。これだけの支持を得たことは、通常は、その論理の正しさの傍証と理解される。しかし、本書によれば、日本政府を説得しなければならないのだから、挺対協の失敗は明白である。つまり、日本政府が絶対の判断基準であり、それと異なる判断をした全世界がすべて誤っている。

批判的読者はこの主体の争奪戦に参入しないように用心しなくてはならない。本書韓国語版に対して被害女性たちが、名誉毀損であるとして出版差し止めと損害賠償を求めて提訴したが、著者は「原告は元慰安婦の方々の名前になっていますとしつつ、「実質的」にはそうではないとして、被害女性の主体性を著者の都合に合わせて整形する。分断線を引く権利は、著者にある。「実質的」や「本質」の論定も、誰が主体となるかも、著者の権限で決まる。

かくして、責任を問われずに済む日本人男性の語りが始まる。「朝日文化人」が欣喜雀躍して本書を歓迎し、著者をハンナ・アーレントに比肩する珍無類の解釈が登場する。90年代に「知識人」と自称した人々が国家と一体となって設立した「アジア女性基金」を絶賛する著者は、「男性知識人」たちの「女神」として降臨する。同時に、日本の責任を全否定する歴史修正主義者たち、植民地主義に開き直る論者たちもスタンディング・オベーションで迎える。『和解のために』の前例から言って、著者自身も十分予測していたであろう現象である。「本書が右翼に利用される」という危惧を述べる論者がいるが適切ではない。利用されるのではなく、主体的に確たる自信を持ってハーモニーを奏でているのである。

〈相対化〉や〈主観化〉と結びついた〈個別化〉が見事に猛威を奮う。個別の「慰安婦」女性にはそれぞれの思いがあり、記憶があり、闘いがあるのだから、一般化を拒否する権利もある。しかし、歴史認識や国家責任を問うフィールドで〈個別化〉とは何を意味するか。アウシュヴィッツ収容所におけるすべての被害者の思いや記憶が同じということはありえない。旧ユーゴの「民族浄化」やルワンダ・ジェノサイドの渦中でも人々の思いは限りなく多様であった。だからこそ一般化しなければ歴史も国家責任も語ることはできない。個別の思いを重ね合わせつつ、いかに一般的認識を形成し、共有するかが重要である。

三　分断の彼方で再び

本書の特徴は、正当な指摘が不当な帰結を生み出すアクロバティックな思考回路にある。例えば、「慰安婦」強制の直接実行者が主に民間業者であったことは、当たり前の認識であり正しい。ならば民間業者の責任を問う必要があるが、著者はそうしない。民間業者を持ち出すのはひとえに日本政府の責任を解除するためだからである。

本書は、「慰安婦」問題を戦争犯罪から切り離して、植民地支配の問題に置き換える。植民地であれ占領地であれ交戦地であれ軍事性暴力が吹き荒れた点では同じだが、植民地であるがゆえに「慰安婦」政策を貫徹できた限りで、本書も正しい。ならば植民地支配の責任を問うべきであるが、著者はそうしない。植民地に協力した〈愛国的〉努力を勧奨するからである。植民地の現実を生きるのだから〈愛国的〉に植民地支配に協力せざるを得ないこともある。しかし、その体験と記憶を根拠に歴史を裁断すれば、カリブ海でもアルジェリアでもナミビアでも、世界は「善き植民地」に覆われることになる。

〈法〉を否認する本書は「人道に対する罪としての性奴隷制」についての法的考察を棚上げし、植民地解放闘争の理論と実践や、国連国際法委員会で審議された「植民地支配犯罪」論や、人種差別反対ダーバン世界会議で議論された「植民地責任」論も脱色してしまう。植民地支配の責任を問う法論理が出てこない（人道に対する罪について、前田朗『人道に対する罪』青木書店）。
「慰安婦」問題を日韓関係に閉ざして挺対協叩きに励んでも、問題解決を遠ざけるだけである。植民地支配に抗し、人道に対する罪や戦時性暴力と闘う世界の民衆の法思想は、「慰安婦」、旧ユーゴ、ルワンダ、シエラレオネ、コンゴ民主共和国、アフガニスタン、イラクの現場で、おびただしい犠牲と底知れぬ悲しみに襲われ、翻弄されながら、徐々に鍛えられてきた。「慰安婦」問題の法的解決がリーディング・ケースとなると期待しながら、世界を引き裂いてきた分断の彼方で人々が再び出会うために、謝罪と被害補償を求める運動はさらなる闘いを続けるであろう。

本稿は『社会評論』１８０号から転載。

新しさを装った歴史修正の動き

金富子

ティル・バスティアン『アウシュヴィッツと〈アウシュヴィッツの嘘〉』（石田勇治ほか編訳、白水社）という本がある。ナチによる大量虐殺の事実と、それを無害化・否定しようとする歴史の偽造について簡潔明瞭にまとめている。欧米では、歴史を偽造する人々を「修正派」と呼ぶが、その議論の中心は犠牲者数を少なく疑わせて「大量虐殺」の信用失墜を図ることだ。「証拠」を創り出したりもする。

歴史修正を外交戦略に

日本でも1990年代後半から「修正派」の台頭が著しいが、日本の特徴は「南京大虐殺」否定、「慰安婦」否定を政府・政治家が率先して行うことだ。前者では、2015年10月に中国がユネスコ（国連教育科学文化機関）に申請した「南京大虐殺文書」が世界記録遺産に登録されたことに対し、日本政府はユネスコ分担金拠出の見直しに言及した。ここでも犠牲者数が問題にされ、「虐殺」の信用失墜が図られた。

「慰安婦」否定ではどうか。2014年8月の『朝日新聞』「慰安婦」問題検証記事をきっかけに、安倍晋三首相は国会で同年10月「日本が国ぐるみで性奴隷にしたとの、いわれなき中傷がいま世界で行なわれている」と述べた。自民党の国際情報検討委員会も同年9月、「慰安婦の『強制連行』の事実は否定され、性的虐待も否定された」「国連をはじめ全ての外交の場、また官民挙げての国際交流の中で、国としての正しい主張を訴え続ける」と決議した。歴史修正は、政府・自民党の外交戦略になっている。

歴史修正の動きは政府だけでない。最近は〝新しさを装う〟のが特徴だ。その例が韓国の日本文学研究者・朴裕河『帝国の慰安婦』（韓国語版２０１３年、日本語版２０１４年）である。韓国では話題にならなかったが、兵士とは「同志的関係」、「協力者」などの記述に対して、２０１４年6月に「ナヌムの家」の被害女性9名が起こした名誉毀損裁判（民事・刑事）をきっかけに、一躍知られるようになった。

他方、日本ではリベラルとされる『朝日新聞』などメディアや一部の日本人（男性）知識人が、彼女の言説を「もてはやす」という構図になっている（同書への詳細な批判は鄭栄桓『忘却のための「和解」～『帝国の慰安婦』と日本の責任』世織書房を参照）。

では、どこが新しく見えて、新しくないのか。

少女は「少数例外」？

まず、「慰安婦」にされた朝鮮人少女は、「少数例外」という朴氏の主張を取り上げよう。新しい説である。

朴氏は同書で、①韓国挺身隊問題対策協議会・挺身隊研究所が編んだ証言集（『強制的に連行された朝鮮人軍慰安婦たち』第5集、以下『強制5』、韓国語）の被害女性の証言を使って「わたしが一番幼かった。ほかはみな20歳過ぎ」と紹介したり、②ビルマのミッチナで捕虜になり米軍政府情報局の尋問をうけた朝鮮人「慰安婦」20人の「平均年齢は25歳だった」などとして、朝鮮人「慰安婦」＝少女は「少数で例外的」、しかも「軍の意志よりは業者の意志」――などと強調する。

しかし①で、実際に朴氏が使った証言集『強制5』をみると、証言者の連行時の年齢は皆「20歳以下」であった。また前述の挺対協はこの『強制5』を含めて6集の証言集を刊行したが、証言した被害者合計78人のうち73人が未成年であった（Fight for Justice ムック『〈少女像〉はなぜ座り続けるのか』世織書房参照）。証言者の9割が未成年だったのだ。つまり朴裕河氏は、全体像を無視して、自説に都合のよい証言だけを引用しているのである。

②のミッチナの朝鮮人「慰安婦」20人にしても、捕虜にされた時は「平均23歳」、2年前に連行された時は「平均21歳」であり、しかも20人のうち未成年（国際法では20歳は未成年）が12人と過半数が少女だった（次頁表1参照）。つまり朴氏の「少女は少数例外」という新説は、創り出された「証拠」

【表１】ビルマ・ミッチナの朝鮮人「慰安婦」の年齢（捕虜時と徴集時）

	名前（イニシャル）	朝鮮での出身地	A＝捕虜時の年齢（1944年8月）	B＝徴集時の年齢（1942年8月）
1	S	慶尚南道晋州	21歳	19歳
2	K	慶尚南道三千浦	28歳	26歳
3	P	慶尚南道晋州	26歳	24歳
4	C	慶尚北道大邱	21歳	19歳
5	C	慶尚南道晋州	27歳	25歳
6	K	慶尚北道大邱	25歳	23歳
7	K	慶尚北道大邱	19歳	17歳
8	K	慶尚南道釜山	25歳	23歳
9	K	慶尚南道クンボク	21歳	19歳
10	K	慶尚北道大邱	22歳	20歳
11	K	慶尚南道晋州	26歳	24歳
12	P	慶尚南道晋州	27歳	25歳
13	C	慶尚南道《ママ》慶山郡	21歳	19歳
14	K	慶尚南道咸陽	21歳	19歳
15	Y	平安南道平壌	31歳	29歳
16	O	平安南道平壌	20歳	18歳
17	K	京畿道京城	20歳	18歳
18	H	京畿道京城	21歳	19歳
19	O	慶尚北道大邱	20歳	18歳
20	K	全羅南道光州	21歳	19歳
平均年齢			23.15歳	21.15歳

●出典：アメリカ戦時情報局心理作戦班「日本人捕虜尋問報告」第49号（1944年10月1日）吉見義明編集・解説『従軍慰安婦資料集』（大月書店、1992年、451・452頁）より作成。

注１）ビルマ・ミッチナ陥落後、1944年8月10日に朝鮮人「慰安婦」20人（日本人民間人２人）が米軍の捕虜になり尋問が行われた（A）。尋問によれば、1942年5月初旬に朝鮮に来た日本人周旋業者の「偽りの説明を信じて」朝鮮人女性800人が徴集され、1942年8月20日集団単位で「慰安所の楼主」に連れられラングーンに上陸、ビルマの諸地方に配属された（B）。よってBはAより２歳引いた年齢である。

注２）網線は徴集時に未成年だったことを示す。「20歳」は国際法上「未成年」である。

であり根拠がない。「証拠」を創りだすという「修正派」の特徴が示されているのではないか。

背景に植民地支配と差別

次に、「性奴隷否定」説だが、朴氏だけでなく、秦郁彦氏、「THE FACTS」(櫻井よしこなど歴史事実委員会の名で出された『ワシントンポスト』2007年6月14日付け意見広告)、安倍首相も先述のように主張してきた。

朴氏の特徴は、未成年=少女ではないとか、〈愛国〉的役割や兵士との恋愛があったとか、慰安所での日本人兵士/朝鮮人「慰安婦」の関係を「同じ日本人としての〈同志的な関係〉」を強調することだ。朴氏は、さらにふみこんで朝鮮人「慰安婦」を日本(軍)の「協力(者)」とさえ主張する。

なぜか。そうした特徴をもつ日本人「慰安婦」に限りなく近い「帝国の慰安婦」=新しい朝鮮人「慰安婦」像を主張するためと思われる。ここでは、民族間の支配・被支配の関係は消える。将兵―「慰安婦」の間に存在したジェンダー非対称的な関係も消える。

しかし、その前提には、公娼出身の日本人「慰安婦」は性奴隷ではないという認識がある。問題は日本人「慰安婦」への認識不足を露呈していることである。2000年「日本軍性奴隷制を裁く女性国際戦犯法廷」や、最近刊行されたVAWW RAC編『日本人「慰安婦」』(現代書館)で解明されたように、日本人「慰安婦」は公娼制度下だけでなく、慰安所でも性奴隷であった。心情的交流や恋愛があったとしても、同様である。問題の核心は、偶発的な個人関係ではなく、制度にあるからだ。朝鮮人「慰安婦」に少女が多かったのは、政策的な裏付けがある。吉見義明氏が『従軍慰安婦』（岩波新書、１９９５年）で明らかにしたように、

第一に、日本政府による「慰安婦」徴集（選別）に関する民族差別である。日本人女性の徴集は「満21歳以上で、性病のない、売春女性」（内務省警保局長通牒、１９３８年２月23日）に制限されたので、植民地から「未成年で、性病のない、非売春女性」が徴集された。

第二に、「婦女売買禁止に関する国際条約」など国際法の抜け道として、植民地が適用除外された。

第三に、日本軍将兵の性病対策として、植民地の性経験のない未婚女性がターゲットにされた（麻生徹男軍医の意見書など）。

つまり、徴集には朴氏のいう業者ではなく「軍・政府の意志」が作用したのである。もちろん朝鮮人女性で未成年がターゲットにされた最大の理由は、日本による朝鮮植民地支配と民族差別・性差別にある。（以上に関する詳細な批判は、Fight for Justice ブックレット３『朝鮮人「慰安婦」と植民地支配責任』御茶の水書房を参照）。

秦氏が太鼓判を押す

興味深いのは、日本の歴史修正主義のマエストロともいうべき秦郁彦氏による朴氏への評価である。

「慰安婦」制度を「公娼制の戦地版」と位置づける秦氏は、朴氏を次のように評価する（「慰安婦 事実を見据えるために」『週刊文春』２０１５年５月７・14日号、鄭栄桓氏のご教示による）。

〈筆者（＝秦郁彦）と似た理解を示したのは、韓国世宗大学校の朴裕河教授である。／しかし強制連行や性奴隷説を否定し、「韓国軍、在韓米軍の慰安婦の存在を無視するのは偽善」と指摘した彼女は、慰安婦の支援組織から「親日的」だと提訴された。〉

秦氏は、朴氏が「強制連行や性奴隷説を否定した」と理解し、それを秦氏と「似た理解」と太鼓判を押したのである（ただし朴氏を提訴したのは「ナヌムの家」被害女性９人であり、先述の挺対協は韓国軍や在韓米軍の「慰安婦」被害者を支援しているので、誤解がある）。

一見新しく見える朴氏の「慰安婦」理解は「修正派」であり、連行や慰安所での強制性を否定する点でも「河野談話」の破壊に行き着く。しかしもっとも問題なのは、秦氏の「慰安婦」理解を敬遠し「河野談話」を支持するのに、秦氏と「似た理解」を述べる朴氏を「もてはやす」日本のリベラル派なのは言うまでもない。

※「新しさを装った歴史修正の動き〜根拠なき新説？　朴裕河をもてはやす困った人々」（『週刊金曜日』２０１５年12月11日、１０６７号）に、若干の加筆修正をした。

『帝国の慰安婦』における資料の恣意的な援用について
——千田夏光『従軍慰安婦』の場合

能川元一

『季刊　戦争責任研究』第84号掲載の「歪められた植民地支配責任論——朴裕河『帝国の慰安婦』批判」において、鄭栄桓氏は『帝国の慰安婦　植民地支配と記憶の闘い』がその刊行以来「日本の『リベラル』メディア」から受けている肯定的な評価について、「疑義を呈さざるをえない」（注1）との問題意識を明らかにしておられる。筆者も同様の問題意識をもつ者のひとりである。

当初筆者を驚かせたのは、同書の記述や主張の妥当性、提言の有効性が十分に吟味されるまもなく、複数の論者が好意的な評価を下した点であった。奥付によれば2014年11月30日に刊行された同書に対して、同年内のうちに『朝日新聞』および『毎日新聞』紙上で（筆者が確認しただけでも）4人の論者によって好意的な評が書かれている（注2）。

むろん、刊行以前に校正刷りの提供を受けていたケースもあったことだろうが、『帝国の慰安婦』を一読すればそれが扱っている問題、論点の広がりがどれほど大きなものであるかが直ちに了解されるはずである。日本軍「慰安所」制度（日本軍「性奴隷」制度）の実態がどのようなものであったか（制度化の経緯や目的、女性たちの徴集や移送、「慰安所」経営の実態、敗戦後の女性たちの処遇など、多数の下位論点を含む）。また、こんにち日本軍「慰安婦」問題はどのような問題として論じられ記憶されるべきかという問題。日韓国交正常化の交渉過程の解明およびその結果の評価。１９９１年から翌年にかけて日本軍「慰安婦」問題が日韓の外交問題化して以降の経緯（これは被害当事者たちを始めとして、日韓および関係各国の政府、各国の支援団体、アジア女性基金の関係者、補償や謝罪に抵抗した日本の右派勢力など多くのエージェントが関わった、極めて複雑なプロセスである）。また、そうした経緯においてフェミニズムやポスト・コロニアリズムといった思想動向が与えた影響。歴史学、リドレス運動、追悼、教育などの異なった文脈において「記憶」がそれぞれどのように扱われるべきかという問題。「書かれた」テキストからいかにして「声」を聞きとるのか、という問題……。思いつくままに列挙してみたが、これとても同書の議論が関わる視点、論点を網羅できてはいまい。なんとも野心的な企てというほかない。であるがゆえに、短期間で同書の内容に十分な検討を加えるのはたやすい作業でないと思えたのは、単に筆者の非才を他の方々にまで投影した結果ではないだろう。

本稿では、『帝国の慰安婦』を評価する——肯定的にであれ、否定的にであれ——以前に、まず検証されてしかるべき基本的な問題のいくつかについて筆者なりの検証を試みる。結論を先取りしておくなら、『帝国の慰安婦』は援用されている文献、資料の扱い方に少なからぬ問題をはらんでおり、しかもそれら問題点がすべて朴裕河氏の主張に有利にはたらくようになっている……ということになる。言い換えれば彼女の主張は強引ないし恣意的な文献・資料の読解に立脚しているのではないか、というのが筆者の危惧である。ただし紙幅の都合もあり、本稿では千田夏光氏の著作『〝声なき女〟八万人の告発　従軍慰安婦』（注3）が『帝国の慰安婦』においてどのように扱われているかに絞って検討してゆく。

『日本の戦歴』写真の解釈について

この点に関する検証の必要性を筆者が感じたのは、同書を精読すべく再び手にとった時である。朴裕河氏は第一部第一章の冒頭で、ある一枚の写真に言及している（注4）。

「占領直後とおぼしい風景の中に和服姿で乗り込む女性。中国人から蔑みの目で見られている日本髪の女性」。おそらくこの言葉が、あの十五年戦争における「朝鮮人慰安婦」を象徴的に語っていよう。なぜ朝鮮人慰安婦が、「日本髪」の「和服姿」で日本軍の「占領直後」の中国にいたのか。そしてなぜ「中国人から蔑みの目で見られてい」たのかも、そこから見えてくるはずだ。

これまでの慰安婦をめぐる研究や言及は、このことにほとんど注目してこなかった。しかし、この点について考えない限り、朝鮮人慰安婦をめぐる記憶の闘いは永遠に続くだろう。（後略）

ここで朴氏が〝和服を着て日本髪を結った朝鮮人慰安婦が、占領されたばかりの中国の街に乗り込む〟場面をとらえた写真を記述していることは明らかである。この記述は、千田夏光氏が毎日新聞社刊の写真集『日本の戦歴』（注5）に収録された写真の選別・編集に携わっていた時に経験したことの回想に依拠している。

ところがその作業の中に数十枚の不思議な女性の写真を発見したのである。兵隊とともに行軍する朝鮮人らしい女性。頭の上にトランクをのせている姿は朝鮮女性がよくやるポーズである。占領直後とおぼしい風景の中に和服姿で乗り込む女性。中国人から蔑みの目で見られている日本髪の女性。写真ネガにつけられている説明に〝慰安婦〟の文字はなかった。が、この女性の正体を追っているうち初めて〝慰安婦〟なる存在を知ったのであった。（後略）

（『従軍慰安婦』215頁／259頁）

朴氏はこの回想をその前段もあわせて先に引用した箇所の直前で引用しており、「占領直後とおぼしい風景の中に和服姿で乗り込む女性。中国人から蔑みの目で見られている日本髪の女性」という箇所には朴氏によって傍点がふられている。

しかし千田氏の回想をよく読みなおして見るなら、千田氏が語っているのは一枚の写真についてではなく、「頭の上にトランクを載せ」て「兵隊とともに行軍する朝鮮人らしい女性」の写真と、「和服姿」「日本髪」の女性の写真という2枚の写真についてであることがわかる。前者は『日本の戦歴』65年版21頁／67年版１１７頁に、後者は65年版１２８~１２９頁／67年版１１４~１１５頁に、それぞれ収録されている。『日本の戦歴』は65年版、67年版とも『帝国の慰安婦』の参考文献にリストアップされており、同書75頁および２３２頁では「頭の上にトランクを載せ」た女性の写真への言及まであるので、朴氏はこの誤りに気づき得たはずである。しかしこれ自体は彼女の論旨にとって大きな疵となるような誤りというわけではない。

これに比べれば地味な点にこそより深刻な問題はある。まず第一に、「頭の上にトランクを載せ」た女性が「朝鮮人慰安婦」だと朴氏が断定している点である。『日本の戦歴』65年版でこの写真につけられたキャプションには「慰安婦」についての一般的な特徴付けとして「朝鮮婦人が多かった」と記されているが、被写体の女性2名の民族性については明らかにされていない。67年版のキャプションでは民族性そのものへの言及がなくなっている。千田氏によれば「写真ネガにつけられている説明に〝慰安婦〟の文字はなかった」とのことであるから、女性たちの民族性についても記載はなかったものと想定するのが妥当であろう。だからこそ千田氏も「兵隊とともに行軍する朝鮮人らしい女性」(傍点は引用者)と記していたわけである。千田氏がそのように推測した理由は「頭の上にトランクをのせている姿は朝鮮女性がよくやるポーズである」からというものであるが、女性たちはスカートをたくし上げて徒歩で河を渡っているところを撮影されているのであり、そのような場合に手持ちの荷物を頭に乗せて濡れないようにすることは、特定の民族の風習・習慣に限定されることではない。千田氏の推定に十分な根拠がない以上、朴氏の断言は勇み足と評するべきであろう（注6）。

もう一点は、第2の写真において中国人（写真によれば2人の男性）が「日本髪の女性」に向ける視線が「蔑みの目」であるという千田氏の断定的な記述を朴氏が無批判に踏襲している点である。撮影者による撮影状況の詳細な説明が欠けている写真の読解は注意を要する作業である。特に、まなざしからどのような感情を読みとるかといった微妙な作業の場合には、なおさらである。『日本の戦歴』65年版掲載の写真に付されたキャプションには「軽べつしたような現地・中国人の目　見ているほうがいささか恥ずかしくなる図である」とあり（65年版、128頁、傍点は引用者）、67年版では「〔前略〕日本内地から早くも脂粉のカオリをまきちらす〝女〟たちがやってきた　それを見る中国人の目　おかしな戦争の奇妙な産物だった」となっており、「中国人の目」が意味するところは読者の解釈に委ねられている。鮮明度が充分でないこともあって、私見では「蔑みの目」と断定するのは困難である。65年版キャプションに「見ているほうがいささか恥ずかしくなる図である」とあることからこのキャプションの執筆者が「恥」を感じていることがわかるが、その感情を被写体の中国人に投影した結果が「軽べつしたような現地・中国人の目」という表現につながった可能性、同様の心理が千田氏の「蔑みの目」という断定的記述につながった可能性は、十分考慮に値するものではないだろうか。

以上の2点も瑣末な勇み足についての揚げ足とりではないか？　という反批判があるかもしれない。しかし後に論じるように、『帝国の慰安婦』には、朴氏の主張に合致する場面では千田氏の記述を無批判に採用する一方、朴氏の主張に反する場合には千田氏の強い主張ですら具体的な根拠なしに無視、ないし否定する傾向がみられる。〝日本軍が占領した都市にのりこんだ朝鮮人「慰安婦」が中国人から蔑みの目で見られている〟という情景は、「帝国の慰安婦」と「占領地の慰安婦」を峻別することに立脚した朴裕河氏の主張にとっては少なからぬ意味をもつのであり、ここでの筆者の指摘は〝自身の主張に合致する場面では千田氏の記述を無批判に採用する傾向がある〟という評価の根拠の一つとなるのである。

『従軍慰安婦』で元「慰安婦」はなにを語ったか

もう一つ、読者を大きくミスリードするかたちで千田氏の『従軍慰安婦』が扱われている事例をとりあげておきたい。朴裕河氏は読者に対して『従軍慰安婦』を次のように紹介している。

千田の本には一九七〇年代初め、今から四〇年も前に韓国にまで来て見つけた朝鮮人慰安婦たちのインタビューも入っている。つまりこの本には、現在私たちの前にいる元慰安婦たちより四〇歳も若い元慰安婦が登場して、自分の体験を生の声で語っているのである。

（『帝国の慰安婦』26頁、傍点は引用者）

『帝国の慰安婦』で参考文献としてリストアップされている千田氏の著作は『従軍慰安婦』だけなので、「千田の本」とは同書を指すと解するしかない。では、「千田の本」で「朝鮮人慰安婦たち」が「自分の体験を生の声で語っている」というのは本当だろうか。

『従軍慰安婦』において証言が紹介されている韓国人女性は3人おり、千田氏の意図としてはたしかに「朝鮮人慰安婦」を探す過程で紹介された女性たちではあった。しかし自らの取材について、千田氏は次のように述べているのである。

ところが、そこで知ったのは、この国で慰安婦にされた女性のことは〝挺身隊〟とよばれ、その体験者たちは、いずれも牡蠣のように口が固いのであった。何人かをやっと探し出してもなかなか語ってくれないのであった。そしてその何人目かに会い終わったとき知ったのは、彼女らがそれを極めて恥にしていること、口を閉じ語りたがらぬのは、その恥辱感のためであるということだった。恥辱、言われてみればその通りであった。誰が慰安婦にさせられた過去の傷痕をとくとくと語る者がいようか。
（『従軍慰安婦』101頁／126頁、原文のルビを省略）

その結果、3名の女性のうち1名については「慰安婦」としての「自分の体験」ではなく、「未婚の若い女性」が「金になる仕事がある」などといった勧誘に応じてついていくのを見た、という目撃談を語るにとどまっている（『従軍慰安婦』101頁／126頁）。もう一人の女性については「同じようなことを語っていた」とされているのみである（同書１０２頁／１２７頁）。

なおこの証言は『帝国の慰安婦』の47頁で「一人の朝鮮人慰安婦」の証言と断定されたうえで引用されている。しかし千田氏は「挺身隊」が「慰安婦」と理解されていた１９７０年代の韓国において「元慰安婦」を探していたのであるから、紹介された女性が実際には女子挺身隊として労務動員された経験の持ち主であった可能性を排除することは―当事者が元「慰安婦」だったと認めていない以上―できないはずである。韓国社会で「挺身隊」と「慰安婦」とが混同されてきたことを重視する（『帝国の慰安婦』62頁など）朴裕河氏にとってはなおさらである。

では、「韓国の或るジャーナリストの紹介で会った彼女は、朝鮮半島で私が会えた、たった一人の元慰安婦と名のる女性であった」（『従軍慰安婦』１１５頁／１４２頁、傍点は引用者）と千田氏が言う女性は、一体なにを千田氏に語ったのであろうか。少し長くなるが、両者のやりとりを（その後の仲介者とのやりとりとあわせて）引用してみよう。


「昭和十八年からはじまった挺身隊で行かれたのですか」

「私はその前です。日本の昭和十五年に行きました」

「警官とか面長が誘いに来たのですか」

「面長は来ませんでした」

「すると来たのは警官ですね」

「日本人の男の人も来ました。その人にすすめられたのです」

口数も言葉も少ない女性であった。いかにも喋りたくないのが肌につたわってくるような女性であった。場所はソウル市のはずれ、山坂の上まで小さな家が段々に建て込んでいる難民集落風の所であった。

「出身の村はどちらです？」

「……」

ここから彼女の沈黙がはじまるのだった。通訳の労をとってくれたジャーナリストがいくら聞いてくれても駄目であった。石になってしまうのだった。だが考えてみると、それは当然であった。今さら村に帰れる体ではない者に、村の名をあかすよう求める方が滑稽なものではなかったか。

「どの辺の戦場に行ったのですか？」

「シナです」

ここでやっと答えてくれたが、中国をシナと呼ぶとき彼女はやはり、過去の中から今も抜け出せずにいるのだろうか。

「中国の、いえ、シナのどこです」

「あちこちです」

「具体的な地名を教えてくれませんか。それと同行した部隊の名前も教えてください」

「……」

またも沈黙であった。

「辛いことがありましたか。もっとも辛いことばかりだったでしょうが……」

「……」

「親切な兵隊も中にはいなかったのですか」

「……」

「帰国したのは何年でしたか」

「……」

私はノートを閉じた。もう質問をやめた。小屋を辞した。坂道を下りながら韓国人ジャーナリストが言うのだった。

「せっかく案内しながら役にたたなかったようですね。すみませんでした。もう少し時間を下さったらまた探してみます」

「いえもう沢山です。人間において沈黙の持つ意味は雄弁より重く大きいことを、しみじみ、悟らされました。彼女はいまなにをしているのでしょうか」

「隣近所の雑用を手伝って生活しているようです」

（『従軍慰安婦』115頁～117頁／142頁～144頁、傍点と……は原文ママ）

かろうじて答えているのは「慰安婦」になった／された時期、誘いに来た人間、「慰安所」のあったごくおおまかな地域だけであり、「慰安所」での生活についてはひとこともしゃべっていない。特に「親切な兵隊も中にはいなかったのですか」という問いに沈黙で応えている点に注目されたい。というのも、「親切な兵隊」についての「記憶」は『帝国の慰安婦』が強調しようとする事柄の一つだからである。

むろん、この証言者に限って考えるなら、千田氏もそう考えたように「沈黙」の声をこそ聞くべきだということはできる。だがここでの問題は、『従軍慰安婦』において「朝鮮人慰安婦たち」が「自分の体験を生の声で語っている」という朴裕河氏の紹介はフェアなものか？　というものである。

『帝国の慰安婦』の著者が自らの企図として明言し、かつ『リベラル』メディアで同書を賞賛した論者たちが評価しているのも、「本書で試みたのは、『朝鮮人慰安婦』として声をあげた女性たちの声にひたすら耳を澄ませること」（『帝国の慰安婦』10頁）であった。だが「日本語版のための序文」で朴氏自身が認めているように、彼女が「元慰安婦の方たち数人に会」ったのは「韓国語版を出した後」であり（『帝国の慰安婦』13頁）、日本語版においても著者自身が聴きとった証言が紹介されている箇所はごく限られている（筆者の見落としがなければ、直接話法で発言が紹介されているのは13頁のみで、それも断片的な発言の引用）。

名乗りでた被害者、元「慰安婦」の生存者が数少なくなったこんにち、すでに記録された証言の再解釈が日本軍「慰安婦」問題の研究において占める重要性は大きなものとならざるをえないので、『帝国の慰安婦』が著者自身による聴きとりの成果でないことを批判するつもりはない。だが彼女が聞こうとした「声」は、韓国の支援団体―元「慰安婦」たちの多様な声を隠ぺいしたと彼女が批判している当の支援団体―が作成した証言集を除けば、千田氏をはじめとする日本人男性作家たちが書き残したテクストが発するものだということになる。そして千田氏の『従軍慰安婦』は朴氏によって「千田の視点は、その後に出たどの研究よりも、『慰安婦』の本質を正確に突いたものだった」(『帝国の慰安婦』25頁)、「千田の本が朝鮮人慰安婦の悲劇に対して贖罪意識を持ちながらも、それなりに慰安婦の全体像を描けたのは、彼がそのような時代的な拘束から自由だったからだろう」(同書26頁)と、極めて高く評価されている。

とすれば、『従軍慰安婦』には「現在私たちの前にいる元慰安婦たちより四〇歳も若い元慰安婦が登場して、自分の体験を生の声で語っているのである」のだと紹介された読者は、自ら千田氏の本を読みなおしてみるのでないかぎり、千田が聴きとった複数の元「慰安婦」たちの「声」が『帝国の慰安婦』の主要なテーゼを支持するものであろう、と想定するのが自然であろう。しかし千田氏の『従軍慰安婦』がこの想定を裏づけるとは到底言いがたいのである。

日本人男性の証言の扱い

さて、そうすると実際に『従軍慰安婦』に登場し千田氏に対して「朝鮮人慰安婦」について語っているのはその多くが元日本軍将兵であり、そこで描かれている「慰安婦」たちの姿は日本人男性のフィルターを二重に通したものということになる（注7）。そこから「女性たちの声」を聞き分けるのは細心の注意を要する作業であるはずである。

一例として、元陸軍少尉の証言が援用されている箇所（『帝国の慰安婦』70頁〜71頁）をとりあげてみよう。『従軍慰安婦』では65頁〜67頁／84頁〜86頁に収録されている証言である。朴裕河氏は「長い駐屯生活で同じ慰安婦と暮らしていると、女房みたいな気になってしまうのか、兵隊たちもガツガツしなくなって来ます」、「彼女らはそんなことで駐屯部隊の一員のようにもなっていました」「慰安婦の方もそれに応え、休日に兵隊たちの所へお土産を持って来て洗濯してくれたり」した、「駐屯地における兵隊と慰安婦の関係はどこでもこんなものではなかったかと思います」といったこの元少尉の証言を引用したうえで、「おそらく、これこそが慰安婦たちに要求された役割だったと言えるだろう」としている。これは「朝鮮人慰安婦」と日本兵との間に「〈同志的関係〉」があったとする、韓国において物議をかもした彼女の主張の根拠ともなっている、重要な箇所である。

だが、この元陸軍少尉の証言には続きがある。

楽しみと言ってはなんですが、検診もまた兵隊は楽しんでいました。高射機関銃隊である私たちの所は高地にあり、高倍率の双眼鏡がありました。それで目の下の駐屯地で軍医が診察しているのを見ている訳です。股をひろげているのが手の届くように見えるのです。毎週金曜の午後です。〝ああやってる、やってる。今日は誰がやられるかな〟など兵隊はガヤガヤしていましたが、夜になってその結果が命令回報でまわってくるのです。〝ハナ子、不合格、理由、梅毒第二期〟など具体的に書いてありました。もちろん何もない日の方が多かったのですが、命令回報とは軍隊の公式命令を兵隊に知らせるものです。これを見ても軍隊と慰安婦の関係が分かるかと思いますが、それにしても彼女らの検診まで、無聊をかこつ兵隊にとっては憂さを晴らす材料になっていたのでした。（『従軍慰安婦』66頁～67頁／86頁）

「女房みたい」「駐屯部隊の一員のよう」という「慰安婦」認識の内実がここに示されてはいないだろうか。「女房」それ自体が性差別をはらんだ概念であると言うこともできようが、だからといって性病の検診を受けている（受けさせられている）ところをのぞいて楽しむのが夫婦の関係として平均的なことであるとは到底言えまい。さらに、この証言を含む節を千田氏が「それにしてもユーモラスなのはこんな話であった」（同所）と締めくくっているのも見逃せないところである。性病の検診まで性的搾取の対象としていたことへの自覚は証言者にも千田氏にも欠けている。このような証言に立脚して、日本兵と「朝鮮人慰安婦」の間に「女房みたい」「駐屯部隊の一員のよう」な関係が成立していたと主張するのは、控えめに言っても説得力を欠くと評すべきであろう。

否定派の運動の過小評価

『帝国の慰安婦』においては、日本の右派による日本軍「慰安婦」問題否認論はもっぱら日本軍・日本政府の責任を追及しようとした日韓の支援団体の活動への反発として生じたものとして描かれている（注8）。朴裕河氏は日本軍「慰安婦」問題の解決を求める運動について「日韓が（のちにアメリカも）連携した〈左翼〉運動が、日本の右翼を制圧した形となった」（『帝国の慰安婦』305頁）とまで評しているが、これは日本の右派の認識に照らしても一面的に過ぎる評価であると言わざるをえない。例えば『諸君！』2007年10月号掲載の「『9・17の誓い』と日本の覚醒」において中西輝政氏は「この十年、日本の保守はひたすら『上げ潮』の状態にあった」と振り返っている（同誌34頁）。中西氏の言う「上げ潮」の起点となる1997年は、言うまでもなく日本の右派が日本軍「慰安婦」問題に関して積極的な攻勢に出た時期にあたる。同じ時期から日本の右派が歴史認識問題をめぐる「反日包囲網」という認識をつくりあげていったという事実もあるのはたしかであるが（注9）、朴氏の言うところの「〈左翼〉運動」の要求が実現していないことひとつをとっても、日本の右派の運動の影響力が過小評価されていることは明らかであろう。

このように日本の右派を受け身に終止したかのように描くことは、『帝国の慰安婦』の論旨にとって大きな意味を持っている。日本政府やアジア女性基金の努力を高く評価し、問題解決が滞っていることを（主に韓国の）被害者支援団体に帰責しようとする朴氏にとって、日本の右派の動向を読者にどのように理解させるかは重要な関心事であるはずだからだ。

『帝国の慰安婦』が日本の否定派の主体的関与を過小に描くために用いるのが、彼らは自らの記憶に従ったに過ぎない、という論法である（注10）。だがここでも、『従軍慰安婦』からの恣意的な引用が行われている。

朴裕河氏は済南を占領（1937年12月）した部隊に所属していた元日本兵の「びっくりしたのは済南に入城した二日後に、早くも酌婦が入って来たことでした」「部隊に営業の許可をとることもなかったのでしょう」「形としては、民間人が勝手にやってきて勝手に営業している、ということだったのでしょう」といった証言（以上は『従軍慰安婦』183頁～184頁／223頁）を引用したうえで、「慰安婦問題を否定する人たちが、民間人が勝手に営業したと主張するのは、このような記憶が残っているからだろう」と推定してみせている（『帝国の慰安婦』104頁）。

まず、このような推定が十分な根拠の無いものであることを指摘しなければならない。従軍体験のある日本人のうち、「民間人が勝手に営業した」ような慰安所しか見聞しなかった人々はどれくらいおり、そうした人々が1991年以降どの程度存命であって、日本軍「慰安婦」問題否定論の形成にどの程度寄与したのか……といった点はまったく検討されていない。さらに言えば、慰安所制度への軍関与を示す文書の吉見義明氏による発見を報じた『朝日新聞』1992年1月11日朝刊の記事において、「防衛庁防衛研究所図書館の永江太郎資料専門官の話」として、「こういうたぐいの資料があるという認識はあった」というコメントが紹介されていることも無視されている（注11）。早くから否定論のオピニオンリーダーとして発言していた西岡力氏や秦郁彦氏も、もちろん「このような記憶」の持ち主ではない。

だが（またしても）この元日本兵の証言には続きがある。朴裕河氏によって引用された箇所の直後には「数日過ぎてから各隊隊長から〝性病について注意するよう〟注意があり、女たちの検診を軍医がしたように記憶していますが、はっきりしません」「北部中国に軍の管理する慰安婦と慰安所ができたのは3月か4月ごろではなかったかと思います」という証言が記録されているのである（『従軍慰安婦』184頁／223頁〜224頁）。とすれば、「民間人が勝手に営業した」ような慰安所しか見聞しなかったという意味での「このような記憶」なるものは、少なくとも『従軍慰安婦』に依拠した主張としては恣意的な引用によって捏造されたものだと言わざるをえない。

「民間人が勝手に営業した」という主張が「記憶」に基づいて自然に発生してしまったものではなくむしろ「記憶」に反して生じたものだとすれば、否定派の作為、主体性を認めなければならなくなる。昨今、日本軍「慰安婦」問題をめぐっては自民党の高村正彦副総裁が「相当くたびれた」と発言、安倍晋三総理が「韓国には疲れる」と発言したなどと報じられる（注12）など、マスメディアは「韓国はいつまで『慰安婦』問題を蒸し返し続けるのか」という雰囲気を盛んに醸成している。日本軍「慰安婦」問題の膠着をもっぱら韓国側の責任とする『帝国の慰安婦』が好意的に受け入れられていることの背景として、「韓国疲れ」などと称されることもあるこのような雰囲気があることは明らかだと思われる。だとすれば、既述のような極めて恣意的な資料操作によって日本の右派の主張が描き出されていることは、とうてい看過しえないことであろう。

「慰安所」設置の目的をめぐって

本稿で最後に指摘しておきたいのは、次の点である。すなわち、千田夏光氏は自らの取材を通じて「慰安所」設置の主たる目的の一つが性病予防であったことを認識し、『従軍慰安婦』において繰り返しその点を指摘しているが、千田氏の著作を高く評価する『帝国の慰安婦』がその点をほぼ無視している、という事実である。

『帝国の慰安婦』の論旨の特徴の一つは、まさに日本軍「慰安所」制度の創設目的に関する通説的理解に異を唱えているところにある。いくつか例を挙げると「性病予防などが慰安所を作った第一の理由に考えられているが、それはむしろ付随的な理由と考えられる」（『帝国の慰安婦』31頁）、「おそらく、軍慰安所の第一の目的、あるいは意識されずとも機能してしまった部分は、高嶺の花だった買春を兵士の手にも届くものにすることだった」（同書41頁）、「戦争開始後に軍が主導的に作った慰安所は、最初は性病予防などという至極現実的で殺伐とした目的から作られたようだが、時間が経つにつれて、身体以上に心を慰安する機能が注目されたのだろう」（同書85頁）といった具合である。だが、このような主張の根拠として元「慰安婦」の女性たちの証言や慰安所を利用した日本軍将兵の証言が提示されることはあっても、慰安所を設置する側の認識（の変化）を示す資料はまったく提示されていない。

いうまでもなく、慰安所制度を創設・維持した目的と、慰安所が実際に果たした機能とはひとまず別の問題である。末端の日本兵にとって仮に「性病予防」が「付随的」なことでしかなかったとしても、慰安所を設置・運営する側にとってもそうであったとは言えない。したがって、慰安所設置の目的として性病の予防を指摘する千田氏の主張を排斥するには千田氏が提示しているものを上回る資料的根拠が必要となるはずだが、『帝国の慰安婦』はその要請にまったく応えていない。

そしてまたしても、『従軍慰安婦』に対するこのような恣意的な扱いは、『帝国の慰安婦』の主たるテーゼを支えることに貢献しているのである。そのテーゼとは第一に日本兵と「朝鮮人慰安婦」との間に「〈同志的関係〉」があったとするものであり、第二に〝慰安婦＝少女〟というイメージは不当だというものである(注13)。まず第一点だが、日本兵と「朝鮮人慰安婦」との間の「〈同志的関係〉」が偶発的、例外的なものにとどまらないという『帝国の慰安婦』の主張にとって、性病予防という「至極現実的で殺伐」とした目的はいかにも不都合であろう。第二点について言えば、性病予防が慰安所設置の主たる目的の一つであるなら、日本軍には(性病に罹患している可能性の低い)より若い女性を「慰安婦」として求めるという動機があったことを否定し難くなってしまう、というわけだ。朴氏は「朝鮮人慰安婦の中に少女が存在したのも、日本軍が意図した結果というより、『強制的に連れていった』誘拐犯たち、あるいは同じ村のものでありながら、少女がいる家の情報を提供した協力者たちの意図の結果と見るべきだ」(『帝国の慰安婦』65頁)としているが(注14)、驚くべきことにこの主張については資料的根拠が何一つ示されていないのである。

おわりに

本稿で筆者が指摘できたのは、千田氏の『従軍慰安婦』が『帝国の慰安婦』において不当な仕方で援用されており、かつその不当な援用がことごとく『帝国の慰安婦』の主張に奉仕しているという限定的なことがらに過ぎない。だが、朴裕河氏が『従軍慰安婦』に与えている高い評価やその引用の頻度を考えれば、これが決して瑣末な問題ではないことがおわかりいただけるはずである。『帝国の慰安婦』で援用されている他の文献についても同様の問題をいくつか指摘することができるが、それについては別の論者の指摘あるいは別の機会での検討に譲ることとしたい。

【付記】筆者は2015年5月14日に同志社大学で開催された同志社大学ジェンダー・セクシュアリティ研究会主催の『帝国の慰安婦』合評会において報告する機会を与えられた。本稿の一部は、その際の報告を元にしたものである。合評会の主催者および参加者の方々に謝意を表したい。また、2015年2月17日に「『慰安婦』問題をめぐる報道を再検証する会」が開催した『帝国の慰安婦』読書会からも多くを学ばせていただいた。読書会参加者の方々、とりわけ報告者をつとめていただいた金富子氏（東京外国語大学）に感謝したい。なお本稿は『季刊　戦争責任研究』（日本の戦争責任資料センター）第85号（2015年冬季号）に掲載された拙稿「千田夏光『従軍慰安婦』は『帝国の慰安婦』においてどのように援用されたか」に僅かに手を入れたうえ改題したものである。

（注）

（1）鄭栄桓「歪められた植民地支配責任論―朴裕河『帝国の慰安婦』批判」『季刊　戦争責任研究』日本の戦争責任資料センター、2015年、第84号、60頁。

（2）高橋源一郎（『朝日新聞』2014年11月27日朝刊）、杉田敦（『朝日新聞』2014年12月7日朝刊）、岸俊光（『毎日新聞』2014年12月28日朝刊）、塩倉裕（『朝日新聞』2014年12月30日朝刊）の各氏による。

（3）千田夏光『〝声なき女〟八万人の告発　従軍慰安婦』双葉社、1973年。1984年刊の講談社文庫版では書名が『従軍慰安婦』と改められている。朴氏は双葉社版を参照しているが、今日ではこの文献は『従軍慰安婦』として言及されることが多いため、本稿では同書を『従軍慰安婦』と表記し、これ以降の引用に際しては書名の後に双葉社版、講談社文庫版の順で頁数を記すこととする。

（4）朴裕河『帝国の慰安婦　植民地支配と記憶の闘い』朝日新聞出版、2014年、24～25頁。以下、同書からの引用は引用文の後に書名と頁数のみを記す。

（5）1965年に『毎日グラフ』の別冊として刊行され、67年に同タイトルの写真集として刊行された。以下、それぞれ「65年版」「67年版」として言及する。

（6）この写真（徒歩で渡河する2名の「慰安婦」の写真）は、特に手前に写っている女性の笑顔が非常に印象的な写真であるため、日本軍「慰安婦」問題否認派によってしばしば〝朝鮮人慰安婦の待遇は悪くなかった〟ことを示すものとして利用されている。この事実を踏まえるならば、被写体の女性たちの民族性をめぐる推定はそれ自体、一定の重要性をもつ問題である。

（7）日本人男性たる元日本軍将兵の証言を日本人男性たる千田夏光氏が聞きとったものである、という意味で。

(8) 典型的な箇所として、例えば265頁の記述。

(9) 右派の「反日包囲網」認識については、以下で分析を試みた。能川元一＋早川タダノリ『憎悪の広告　右派系オピニオン誌「愛国」「嫌中・嫌韓」の系譜』合同出版、2015年、第9章。

(10) 以下で言及する箇所以外では、238頁など。なお、同頁では「記憶」という語は山カッコを付されて「〈記憶〉」と表記されているが、この山カッコにどのような意味があるのかは判然としない。

(11) 永江資料専門官のコメントは、慰安所と軍の関係を示す文書の存在を把握していた官僚が、政府の指示が「朝鮮人の慰安婦関係の資料」を調査せよというものだったことを奇貨として、文書の報告を意図的に怠ったことを示している。

(12) 『産経新聞』2015年4月16日朝刊、「『歴史好き』の韓国に疲れ果てた　成熟進まない社会」など。

(13) 〝慰安婦＝少女〟というイメージに対する異議申し立てについて言えば、一定の留保を付したうえでその意図に関しては筆者も朴裕河氏に同意できるところはある。ただし、このイメージを否定するために展開されている朴氏の議論には、やはり資料の扱いその他の面で大きな瑕疵がある。本稿ではこの点を十分に論じることができなかったので、別の機会に譲らせていただくことをお断りしておく。

(14) 106頁にも同様の主張が見られる。

「『帝国の慰安婦』事態に対する立場」声明の経緯と今後の方向

――歴史的不正義に対抗するトランスナショナルな連帯に向けて

李娜榮

２０１５年は終戦70周年、韓国の立場からいえば光復70周年、日韓協定50周年という年であった。これに関連して両国間の歴史的事実の直視と謝罪が不十分であるまま和解のジェスチャーが交わされていた中、韓国の朴槿恵《パククネ》政権は歴史教科書国定化計画を発表しその意志を貫いた。そして２０１５年の年末である12月28日、日韓外交長官会談で日本軍「慰安婦」問題が10億円で妥結された。弱者の記憶を抹殺し、真実を歪曲し、歴史を私有化しようとする両国の首脳が作り上げた当然の帰結であるといえるのかもしれない。朴裕河の著書『帝国の慰安婦』は、その還元不可能な歴史的不正義が繰り返される場所に火を焚べる役割を忠実に担い、結果的に彼女の意図は貫徹された。

去る２０１３年、この著作が初めて韓国で出版されたとき日本軍「慰安婦」被害当事者たちと支援団体、何人かの研究者が提起した憂慮に私たちが忠実に耳を傾けていたのならば、今の事態は避けることができたのだろうか。

ある討論会の場で聴衆の中の一人が提起した怒りの混じった質問に、私は恥ずかしくていたたまれない思いをした。「こんな歴史修正主義者が称賛される事態にいたるまで、研究者は何をしてきたのか？」

敢えてここで言い訳を述べるとすれば、私は『帝国の慰安婦』を学術書であると考えていなかったし、むしろこの本に応答して発言すればするほど学術的な場所でこの本が注目をあびることになるのではないかと懸念していた。正直にいうと朴裕河の言説は、知識人だと自任して支配イデオロギーに奉仕する研究者たちが増えてくる世相にあって、そこまで驚くようなものでもない現象の一つと思われた。しかし、結果的には私の考えはあまりにも安易なものであったということが明らかになった。以後、朴裕河は、日本で受けた後光を活用し、韓国の知識人社会に食い込み、大衆心理を巧みに活用して、自らを目立たせてきた。特に〈ナヌムの家〉の日本軍「慰安婦」被害当事者たちから名誉毀損で告発されると、自らを被害者あるいは殉教者のイメージに変身させるのにも成功した。このような中、11月26日に日本とアメリカの知識人54人が「学問の自由」を掲げて朴裕河の検察起訴に抗議する声明を発表した。

公式には25年余り、非公式には70年余りにわたり、日本軍「慰安婦」問題をはじめとする植民地支配責任を追及してきた国内外の学者たちと活動家たちは、もはやただ黙って座っているわけにはいかなかった。『帝国の慰安婦』が孕む問題点は、本書の他の論文で十分に扱われると思われるので、ここで改めて詳述することは避ける。当時、私たちが最も憂慮した点は「表現の自由」という傘の下で深刻な歴史歪曲が正当化されているということであった。また、学者たちの「自由」というペン軸が冷たいアスファルトの上でこれまで24年間正義の実現のために叫んできた被害者たちの絶叫を歪曲し、彼女たちを再び傷つけたという点である。知識は果たして何のために存在するのだろうか。知識人は自分の文章と言葉が引き起こす否定的な効果に何の責任も持たないのだろうか。このような憂慮を共有する学者たちがメールや電話で互いの意見を出し合い共有できた点を確認する作業を進めていたまさにその時、12月2日に検察の起訴に反対する知識人191人がソウルで記者会見を開くというニュースに接した。彼らは『帝国の慰安婦』を「日韓両国の公論の場でその価値が認められた書籍」であるとおだて上げ「民主主義」の名前で朴裕河を擁護した。

惨憺たる気持ちを感じた私たちは、まず1次署名をしてくれた70人余りの署名者の名前を連ね、12月2日に「『帝国の慰安婦』事態に対する立場」というタイトルの声明書を急いで書面にて発表し、2次募集として380人余りの署名を集め12月9日に正式に記者会見を開いた。私たちの主張の核心は、単に学問と表現の自由という観点でのみ『帝国の慰安婦』に関連する事態にアプローチする態度に憂慮し、日本軍「慰安婦」問題の核心を直視しなければならないという点であった。したがって起訴に対する賛否を問うという単純な思考を越えて「日本の国家機関の関与のもと本人の意思に反して連行された女性たちに『性奴隷』になることを強いた、極めて反人道的かつ醜悪な犯罪行為に関するものであるという事実、その犯罪行為によって実に深刻な人権侵害を受けた被害者たちが今この瞬間にも終わることのない苦痛に耐えながら生きているという事実こそが、何よりも深刻に認識されなければ」ならないことを強調した。「正義」の問題を解決するために、今も高齢の身をおして毎週水曜集会に参加する生存者たちの痛みと絶叫を度外視した研究は決して学問的ではありえないことを指摘しようとした。また『帝国の慰安婦』が「事実関係、論点の理解、論拠の提示、叙述の均衡、論理の一貫性などさまざまな面において多くの問題を孕んだ本」であることを明確にしようとした。

これに同調した「私たち」とは日本軍「慰安婦」問題が正しく解決されることを心から願う韓国や日本、その他の国の研究者たちと活動家たちであった。実際には一週間程度の短い期間であったが、多くの人々が呼びかけに応え、そして多くの励ましをいただいた。この人たちはすべて歴史的不正義に対し、進んで責任を取ろうとする道徳的行為者たちである。私たちは「長期的かつ継続的な」学術的議論の場を設け、歴史修正主義者たちを辺境に位置づけようとする責務を果たすことを決心し、２０１６年1月に〈日本軍「慰安婦」研究会〉設立のための準備会議を持つことにした。

しかし、その連帯の感動が薄れる前である２０１５年12月のクリスマスの時分に、私たちは日本の安倍晋三首相が岸田文雄外相に訪韓を指示し、日韓両国が12月28日に外相会談を開催し交渉を行う予定であるというニュースに接した。その背後には、李丙琪《イビョンギ》青瓦台秘書室長と谷内正太郎国家安全保障局長の水面下の交渉があったという話も聞こえてきた。事態が急迫してきた12月27日に、私たちは〈日本軍「慰安婦」研究会設立準備会〉という名称で「日本軍『慰安婦』問題、早まった『談合』を警戒する」という声明をマスコミに配布した。

そして28日に表皮的な言述に終始した謝罪と責任、賠償という名前で妥結された日韓間の「慰安婦」協商が公表された。これは朴裕河が主張し続けてきた「和解」の実体が明らかになった瞬間であり、日本軍と政府の主な責任を巧妙に避けながら「業者の責任」を強調していた朴裕河の帝国主義的視点が公式化された瞬間であったといえる。植民地の正式な終息以降も持続する植民性、北東アジアに残存する冷戦体制の現実と対面する現場でもあった。私たちはこれに対し2016年1月3日、この協商の不当性を広く知らせる声明を発表し、5日には協商の問題点を被害者の立場から、運動の歴史から、また法的に事細かく指摘する緊急討論会を（韓国）国会の議員会館で開催した。

私たちにはもうこれ以上、退く場所もぐずぐずする時間もなくなった。日本軍「慰安婦」問題の正しい解決を望む研究者と活動家たちは、一日も早く汎国際的な研究者の連帯を作り上げ真剣な学術的議論と行動を続けていかなければならない。単純な理論的・理念的次元を超えて、今も全地球的に繰り返されている抑圧と支配という不正義を解消するために、具体的な社会的、政治的な実践の中に、私たちの研究を再配置しなければならならないだろう。再び国家の名で国家の利益という命題のもと弱者に対する不正義が繰り返されないよう、そのような不正義に次の世代の未来が植民地化されないように、研究し行動しなければならない。これに同意するすべての研究者たちの参加と連帯を心から期待している。

※〈日本軍「慰安婦」研究会〉は、2016年1月29日に発足。その後3月4日に第1回の月例セミナーを開催した。この後、月例セミナーをはじめとして、出版、共同研究などを行っていく予定である。

（翻訳・古橋綾）

第三部　朝日新聞記事訂正問題を問う

「吉田証言」は本当だった
――公文書の発見と目撃証人の登場

今田真人

「朝日新聞」は2014年8月5日付の検証記事で、これまでの故・吉田清治氏の証言（以下、「吉田証言」）の関連記事を「虚偽」として取り消した。それ以来、「朝鮮では慰安婦の強制連行はなかった」などの主張が、日本国中を覆い尽くしている。

ところが、その「吉田証言」を「導きの糸」として取材調査していく中で、筆者（今田）はこの間、「慰安婦狩り（慰安婦強制連行）」を裏付ける公文書を相次いで発見することができた。第1節で明らかにするように、済州島での「慰安婦狩り」の目撃証人まで新たに現れた。

14年12月22日に発表された「朝日」の「第三者委員会報告書」は、検証記事が出された経過について、重大な事実を明らかにしている。

「吉田証言」を「朝日」に取り消させるのは、時の権力者、安倍晋三氏の年来の狙いだった。「朝日」の木村伊量社長（当時）が安倍政権の圧力に屈し、「吉田証言」の取り消しを「経営上の危機管理案件」

と位置付け、検証記事をトップダウンで作らせたことを、報告書は正直に〝告白〟している。これだけでも検証記事は、まったく信ぴょう性を失っている。

「朝日」の検証記事は、「吉田証言」を「虚偽」と判断した理由を8点にわたって挙げている。第1節でその一つ一つに反論を加えたが、その理由の非論理性は、日本を代表する新聞社の論証が、秦郁彦氏らの「歴史修正主義」にいかに侵されているかを如実に示している。

第2節は、筆者がこれまで1年以上にわたって調査し、やっと発見した公文書などの紹介と分析だが、その調査は一方で吉田氏が国家犯罪の権力者側の「生き証人」だったことに確信を深めるものとなっている。彼の証言に絶えず立ち返り、そこからヒントを得ることがなければ、これらの公文書を、各地の図書館や公文書館などに眠る膨大な文書類の中から探し出すことは不可能であった。

「朝日」は検証記事で、「吉田証言」を葬ろうとしたが、逆にいま、その逆襲にあっている。「吉田証言」はよみがえったのである。

第1節　「朝日」検証記事の8つの「理由」への反論

筆者は2015年6月27日、「慰安婦」問題を調査研究している団体「バウラック」主催のセミナーで、拙著『緊急出版・吉田証言は生きている』（15年、共栄書房）について報告した。聞き手は西野瑠美子氏。「朝日」が「吉田証言」を虚偽と判断した8つの理由について、その時点で判明した取材資料を使って、それぞれ反論したが、今回、それに新たな知見を加え、Q&A形式で紹介する。

①〝済州島の結婚式で新婦を強引に連れ去った〟との証人現れる

Q　「朝日」は理由の第1に、「今年（14年）4月～5月、済州島内で70代後半～90代の計約40人に話を聞いたが、強制連行したという吉田氏の記述を裏付ける証言は得られなかった」ということを挙げている。どう考えるか。

A　第1の問題は、戦後直後の1948年に済州島四・三蜂起事件があり、多くの島民が米軍や韓国軍、民兵組織により虐殺され、生き残った人間は、日本に逃れたという重大な歴史的事実を、朝日調査がまったく踏まえていないことだ。だから、いまの済州島に行っても、当時の「慰安婦狩り」を実証できる人間がなかなか見つからない。この事件のことを吉田氏は93年当時、すでに言及していた。拙著では、吉田氏のこの反論を初公開した。

第2の問題は、この論法は、慰安婦強制連行を目撃した証人が1人でも出てくれば簡単に崩壊するということ。『週刊金曜日』15年6月26日号の吉方べき論文は、済州島の地元紙『済民日報』90年6月8日付の記事に、18〜19歳の女性が当時、日本政府に徴用され、「従軍慰安婦に送られたようだ」という地元の人の証言が掲載されていることをスクープした。また、太平洋戦争犠牲者遺族会の梁順任会長が長年の調査で「吉田氏が手記の中で描写した地理的特徴に合致する地区で6、7人が『慰安婦』に徴用されたとの証言を得ることができた」という。

さらに、15年8月初旬、拙著の出版元の共栄書房に、在日朝鮮人2世（父親が済州島出身）の男性（75歳）から筆者宛ての手紙が送られてきた。内容は知人の済州島出身の在日朝鮮人（84歳）が、戦時中の済州島での「慰安婦狩り」を目撃したというものであった。「故郷の済州道○○市○○○の村で小学5、6年の頃、ある結婚式の進行中、日本人が車で来て新婦を強引に連れ去った事件があった」「その後の行方はわからないし、どうなったのかわからない」（○印は筆者には未確認の地名なので現時点で伏せた）という証言である。

このように、済州島での「慰安婦狩り」を虚偽とする「朝日」の最大の理由が崩壊しつつある。

②「慰安婦狩り」に協力したと息子に自慢する朝鮮人はいない

Q　「朝日」は理由の第2に、「干し魚の製造工場から数十人の女性を連れ去ったとされる北西部の町。魚を扱う工場は村で一つしかなく、経営に携わった地元男性（故人）の息子は『作っていたのは缶詰のみ。父から女性従業員が連れ去られたという話は聞いたことがない』と語った」といっている。

A　吉田氏の本『私の戦争犯罪・朝鮮人強制連行』（83年、三一書房）に出てくる「塩乾魚の製造工場」での慰安婦狩りは、経営者と見られる「組合長」が、吉田氏らの徴用隊に「（協力しないと）憲兵隊へ連行して処罰する」などと脅され、「顔をかたくして、無言のまうなずいた」（123頁～）とするくだりがある。女性労働者の「慰安婦狩り」に無理やり協力させられた朝鮮人経営者がその後、息子にそれを自慢するだろうか。

③朝鮮総督府の調査資料に「かやぶき屋根」の写真

Q　「朝日」は理由の第3に、「『かやぶき』と記された工場の屋根は、韓国の当時の水産事業を研究する立命館大学の河原典史教授（歴史地理学）が入手した当時の様子を記録した映像資料によると、トタンぶきとかわらぶきだった」と述べ、「吉田証言」の信ぴょう性に疑問を呈している。

A　国会図書館で、戦前の公文書『生活状態調査・地域編②済州島』（29年、朝鮮総督府編纂）の

植民地時代済州島の「貝細工工場」らしき公文書の写真

復刻本（2006年、クレス出版）を見つけた。その163頁には「貝釦（ぼたん）製造の殺屑」という絵解きの写真がある。貝細工工場と見られる建物3軒の写真が掲載され、手前2軒が「かやぶき」、奥の1軒が「かわらぶき」に見える（写真）。かやぶき屋根の工場も当時、あったのだ。吉田氏が済州島で「慰安婦狩り」をしたという戦時中の43年当時は、金属類の回収・供出が徹底的に行われていた。このことを考えると、戦中の植民地・朝鮮の民間家屋の屋根は、「トタンぶき」がいっそう減っていたであろう。ただ、なかったとしても、それで「吉田証言」が偽証ということにはならない。

④他者の調査を並べるのは報道機関として無責任

Q　「朝日」は理由の第4に、「93年6月に、吉田氏の著書をもとに済州島を調べたという韓国挺身隊研究所元研究員の姜貞淑さんは『数カ所でそれぞれ数人の老人から話を聞いたが、記述にあるような証言は出なかった』と語った」と言っているけど。

A　これは「朝日」自身の調査ではない。こういう他者のやった調査をいくら並べても、独自調査をすべき報道機関としては無責任である。

⑤息子の証言「日記が見当たらない」は日記をつけていなかった証明にならず

Q　「朝日」は理由の第5に、「吉田氏は著書で、43年5月に西部軍の動員命令で済州島に行き、その命令書の中身を記したものが妻（故人）の日記に残っていると書いていた。しかし、今回、吉田氏の長男（64）に取材したところ、妻は日記をつけていなかったことがわかった」と言うが。

A　吉田氏の長男は「（母は）日記をつけていなかった」とは言っていない。第三者委員会報告書は「日記は見当たらないこと……を確認した」（31頁）とある。「日記は見当たらない」という証言が、どうして「日記をつけていなかったことがわかった」という結論になるのか。さらに長男は「父親を信じたい」（同頁）とも言っている。長男への取材の結論は真逆ではないのか。大丈夫か、「朝日」。

⑥吉田インタビューを当時公表しておれば誤解はなかった

Q　「朝日」は理由の第6に、「吉田氏は93年5月、吉見義明・中央大教授らと面会した際、『（強制連行した）日時や場所を変えた場合もある』と説明した上、動員命令書を写した日記の提示も拒んだといい、吉見氏は『証言としては使えないと確認するしかなかった』と指摘している」という。

A　この問題については、拙著（142頁～）で説明した。吉見さんたちが吉田氏に面会したのは93年5月。私が面会したのは5ヶ月後の同年10月だ。そのとき、吉田氏は、自分以外の仲間が特定されるのを恐れたため、加害者側の日本国内の労務報国会の各地の責任者の名前などを変えたと証言した。しかし、済州島の慰安婦狩りの日時・場所は真実だと強調した。私のインタビューを当時、公表しておれば、吉見氏のような誤解は生じなかっただろう。

⑦公文書を見れば「軍が動員命令」は可能

Q　「朝日」は理由の第7に、「戦時中の朝鮮半島の動員に詳しい外村大・東京大准教授は、吉田氏が所属していたという労務報国会は厚生省と内務省の指示で作られた組織だとし、『指揮系統からして軍が動員命令を出すことも、職員が直接朝鮮に出向くことも考えづらい』と話す」という。

A　労務報国会についてはその後、国会図書館などに通い調べた。吉田さんの2冊の著書の付録にある政府通牒類は、原本が国会図書館にあり、証拠隠滅のための焼却から免れた、貴重な公文書であることが確認できた。

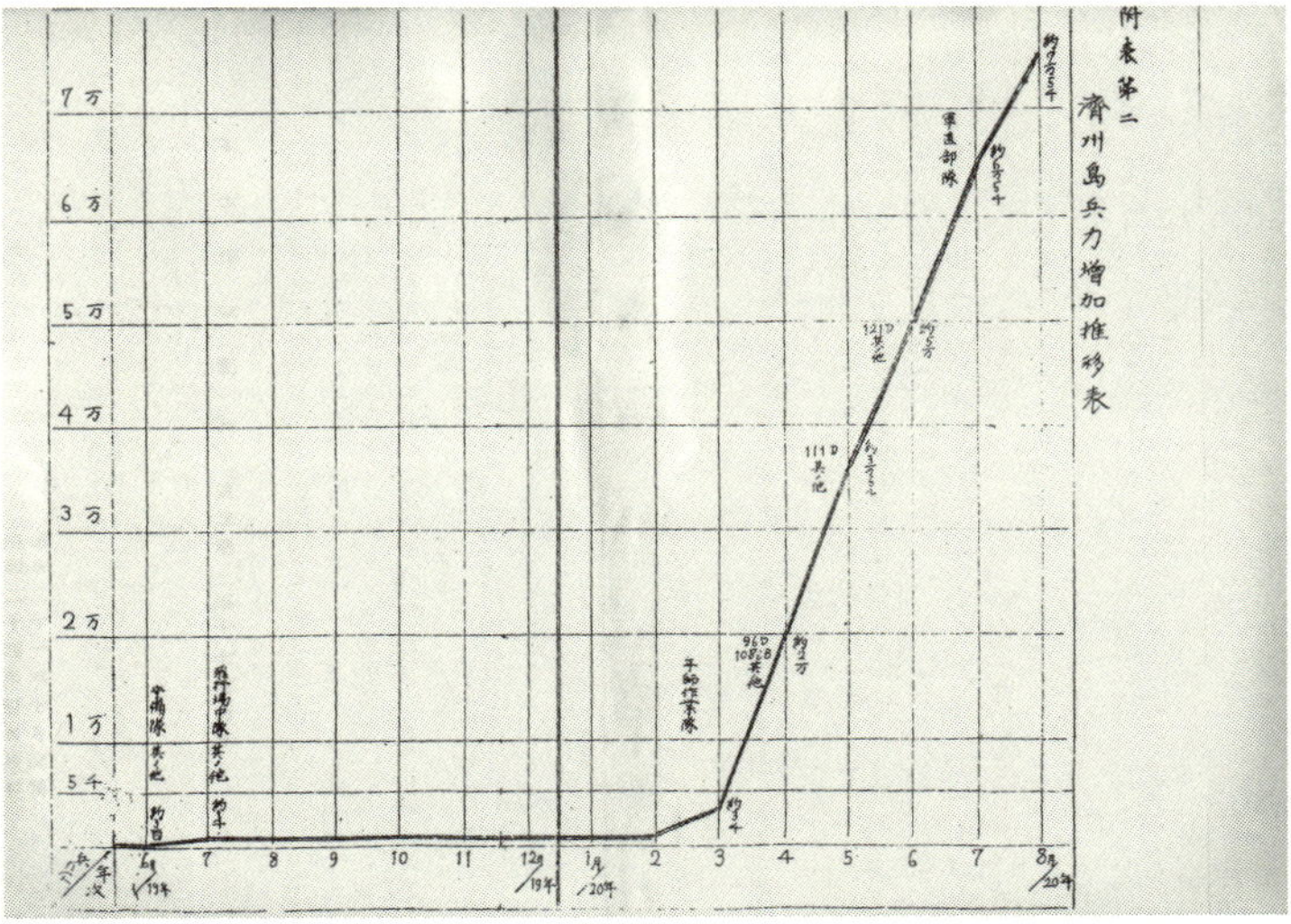

済州島駐屯の日本軍兵士数の推移を示す公文書のグラフ

その公文書は、道府県労務報国会の顧問を「陸海軍関係官」にすると規定している。顧問の軍が動員命令を出すことは十分に可能だ。他の公文書によれば、朝鮮人強制連行は、日本内地の警察官らが朝鮮半島に出向して実施することも可能だった。外村准教授の指摘はあたらない。

⑧公文書は事実上、済州島の軍政示す

Q 「朝日」は理由の第8に、「吉田氏はまた、強制連行したとする43年5月当時、済州島は『陸軍部隊本部』が『軍政を敷いていた』と説明していた。この点について、永井和・京都大教授（日本近現代史）は旧陸軍の資料から、済州島に陸軍の大部隊が集結するのは45年4月以降だと指摘。『記述内容は事実とは考えられない』と話した」という。

A 『朝鮮軍概要史』という戦後直後の日本軍の公文書の復刻本（89年、不二出版）がある。日本陸軍（朝鮮軍）が事実上、植民地・朝鮮に軍政を敷いていたことを明らかにしている。済州島は朝鮮の一部だ。また、同復刻本所収の「朝鮮に於ける戦争準備」（46年2月）という公文書には「済州島兵力増加推移表」（前頁写真）がある。日本軍は44年7月段階で約千人も駐屯している。43年5月に「兵隊を十名」出せないわけがない。永井教授の指摘はあたらない。

第2節　「国民動員計画」の指定業種に「軍慰安婦」
――旧厚生省職業局「極秘通牒」の発見で明らかに

筆者はこのほど、第2次大戦中の日本官憲による「慰安婦狩り」を裏付ける、いくつかの「公文書」を相次ぎ発見した。この「公文書」の中で最も重要なのは、厚生省職業局「一八六号通牒」〈注1〉である。正式名称は「労務調整令施行に関する件依命通牒」だ。主な内容は、労務調整令（41年12月公布、勅令）の具体化である。同令は植民地・朝鮮にも適用された。

この通牒を収録している冊子の表紙には「極秘」と印字され、表紙の裏には「秘及極秘扱の通牒なるを以て取扱に付ては万全を期し秘密保持に特に注意を要す」との注意書きがある。まさに「極秘通牒」である。以下、「一八六号通牒」を「極秘通牒」と呼ぶ。

労務調整令は、事業主側（企業側）と従業者側（労働者側）の両方を統制することで、すべての国民（植民地の人たちを含む）を侵略戦争遂行目的のために働かせる法令であった。その目的は、第1条が端的に物語っている。いわく、「国家に緊要なる事業に必要なる労務を確保する為にする国家総動員法第六条の規定に基く従業者の雇入、使用、解雇、就職及退職の制限は別に定むるものを除くの外本令の定むる所に依る」と。

労務調整令は、国家総動員法（38年3月公布）とともに、39年度からの「国民動員計画（41年度まで労務動員計画と呼称）」による、植民地朝鮮の男女の強制連行の法的根拠となった。

「軍の要求」する「慰安婦」だけを認めよと規定

「極秘通牒」には、「令第七条第三号の認可方針」という項目があり、12種の「業態」の一覧表がある。その4番目に「酌婦、女給」が示され、「○の要求に依り慰安所的必要ある場合に厚生省に稟伺《りんし》して承認を受けたる場合の当該業務への雇入のみ認可す」と規定している。「酌婦、女給」とは、「慰安婦」のことである。

「極秘通牒」の根拠法の労務調整令の第7条は、年齢14歳以上25歳未満の女子で、専門技術者でない者、かつ、国民学校（小学校）未卒業者の雇い入れや就職は、政府が指定・認可した業種・職場だけに限定すると定めている。「極秘通牒」は、この同令第7条の指定業種の一つに「慰安婦」があることを示している。

この「○の要求」とは何か。これは、公文書「行政事務の整理簡捷化及中央官庁の権限の地方委譲等に関する件」〈注2〉と照らし合わせれば判明する。この公文書には、権限を地方に委譲する中央官庁の業務の一覧表があり、その中に「軍慰安所に於ける酌婦女給等の雇入就職の認可に付ての厚生大臣への稟伺（労務調整令に依るもの）」という役所の業務が明示されている（本書160頁参照）。

その説明には「稟伺は之を廃止し地方長官限りにて為さしむるものとす」とある。先の「極秘通牒」の文面・用語と符合しており、「慰安所」が「軍慰安所」であり、「○の要求」とは、「軍の要求」であることが浮き彫りになる。

「極秘通牒」は、「軍の要求」する「慰安婦」だけを厚生省が認め、軍用以外の「酌婦、女給」は認めてはならないと規定しているわけであり、日本政府が、「軍慰安婦」の動員だけを特別に優遇していたことを示している。

「朝鮮人供出」は男とともに女も対象

「極秘通牒」は、労務調整令の具体的細目を定めたものだが、同令は、39年度から終戦まで、毎年度策定された「国民動員計画」の根拠法の一つであるという点で重大な意味がある。朝鮮人女性の「軍慰安婦」への動員は、朝鮮人男性と同様な形で実施されたことになるからだ。朝鮮人男性の動員は、いまや多くの証言・資料で、官憲による強制連行そのものであったことが判明している。

「国民動員計画」の連行が、朝鮮人男性とともに朝鮮人女性も対象であったことを示す公文書は他にもある。

最近発見した戦中の公文書〈注3〉には、「昭和十九年度内地樺太南洋移入朝鮮人労務者供出割当数調」という表がある。44年度の「国民動員計画」による朝鮮人女性1万人の「供出」を、同男性29万人とともに、朝鮮13道（日本の都道府県に相当）に割り当てている。

それにしても人間を「供出」するとは、露骨なモノ扱いであり、ここにもその連行が奴隷狩りのようなものだったことを示唆している。

さらに、戦中に発行された準公文書の43年度「国民動員計画」の解説書〈注4〉も、朝鮮人女性の朝鮮外への「供出」を公式な「動員計画」に載せてはいないが、秘密裏には実施してきたと〝告白〟している。

同書の中の朝鮮人女性の朝鮮外への「動員」についての質疑応答部分を引用する。

「質問　朝鮮人はどのくらひ使つてをるでせうか。

課長　数ですか。……毎年入れるのは其の年によつて相違はありますが、最近は計画上は大体十二万位です。けれども出て行くものもあり期間満了によつて帰鮮するものもありますからそう沢山の増加は致しません。

質問　それは男子朝鮮人だけですか。女子はをりませんか。

課長　をりますけれども計画の中で女子をのせたことはないのです。たゞある方面で必要上少々女子を集団移入として入れたものもあります。」

国民学校を卒業していない朝鮮人女性を標的

戦中の朝鮮人女性の大半が、国民学校（小学校に該当）に行けなかったことを考えると、労務調整令第7条が動員対象を〝国民学校（小学校）未卒業者〟に限定していることは、「軍慰安婦」の動員対象から、教育を受けていた多くの日本人女性を外し、そうではなかった朝鮮人女性の大半を標的にするという、民族差別的な意図も隠されている。

当時の朝鮮の教育事情については、金富子論文〈注5〉が詳しい。以下、その部分を紹介する。

「日本と違って義務教育制が導入されなかった朝鮮では、……とりわけ朝鮮人女児は、朝鮮社会のなかで女子に学問は不要であるとする儒教的な考え方が根強かったこと、朝鮮総督府も性差別を温存・維持したために、女性の地位が低く学ぶ機会に恵まれなかった。……こうした趨勢は植民地末期である1940年代になっても大きな変化はなく……朝鮮人男子の3人に1人、女子の3人に2人は、生徒として学校の門を一度もくぐったことのないという意味での〝完全不就学〟であった。」

官庁が認可した事業主に「慰安婦」を集めさせた

ところで、労務調整令をよく読むと、第19条で「朝鮮及台湾に在りては第六条、第七条、第八条及第十一条の規定は之を適用せず」と定めている。これは同令第7条による動員が、植民地・朝鮮では、行われなかったことを意味しない。

同令関連の朝鮮総督府の公文書〈注6〉はいう。

「本令に依る統制中従業者の雇入、就職、使用の規制に付ては内地に於ては女子に対しても適用せらるるに比し朝鮮に於ては女子の雇入、就職を自由とした」と。

つまり、植民地・朝鮮では、事業主が労務調整令の指定業種以外でも女性を雇い入れることが可能だったということにすぎない。朝鮮人女性にとって、同令に基づいて強制連行されれば、当然、「軍慰安婦」にされることから逃れられない。なにしろ、当時の「国民動員計画」による動員には職業選択の自由はなかったからだ。連行される側の人間は、動員先の職種・企業を知らされることはない。どこに動員するかは、官憲の職権に属することだった。

別の朝鮮総督府の公文書の一つ〈注7〉には、「娼妓、酌婦」などの周旋業は、「許可官庁に於て特に支障なしと認めらるる場合の外《ほか》」は禁止すると定めている。朝鮮での「娼妓、酌婦」の募集は官庁の内部文書（通牒）で、官庁が認可した事業主には許されていたのである。

朝鮮人女性の強制連行は、表向きは「娼妓、酌婦」の周旋は禁止されていたのだから、就業先・業種を知らされずに、だまされる形で、官憲によって日本内地に送られることが多かった。ただ、日本内地に入った途端、朝鮮人女性にも、労務調整令第7条と「極秘号通牒」が適用されて、「軍慰安婦」として海外の戦地に送られたことになる。

「極秘通牒」を秘蔵していた鈴木氏の経歴

「極秘通牒」を収録している冊子の目次の頁には「昭和27年（52年）10月1日、鈴木僊吉氏寄贈」のスタンプが押されている。これまで、「慰安婦」関連公文書は終戦直後に、大半が焼却されたといわれてきた。そうした中で、この「極秘通牒」を発見できたのは、戦中の内務省・厚生省の職員の鈴木僊吉《せんきち》氏（１９０２年〜50年）が、戦後まで秘蔵していたからである。同氏が死去したのち、遺族が国立国会図書館支部労働省図書館（当時）に寄贈した。現在、国会図書館の東京本館・議会官庁資料室が保管している。それを筆者が発見した。同氏は、28年に東京帝国大学法学部を卒業し、内務省に入省。37年7月に日中戦争が始まると、38年1月、内務省社会局などの一部が同省から分離して厚生省が新設された。同氏は39年10月、厚生省に移籍した。

当時の「職員録」によると、同氏は42年7月、厚生省職業局の業務課に所属。43年12月には、同省勤労局の動員第2課に所属した。同第2課は「女子動員の強化促進」「他の主管に属せざる動員」などを所掌。まさに「軍慰安婦」の「動員」の担当者だったことになる。

朝鮮人元「慰安婦」被害者の証言には、村の役人や巡査らの「日本官憲」と日本人が、「工場で働くのが目的」などと偽って、無理やり連行したというものが多い。これらの「公文書」は、彼女たちの証言を裏付けてもいる。法律があれば官憲は、それに忠実に従う。だからこそ、朝鮮人女性の強制連行は、単なる暴力以上の強制力を持ったのである。

〈注〉

（読みやすくするために、本稿で引用する公文書の表記について、漢字は旧字体を新字体に、カタカナはひらがなに改めた。本稿の内容は、第1節が『バウラック通信』15年12月号を、第2節が『週刊金曜日』15年12月11日号と、『社会新報』16年2月3日号、「オール連帯ニュース」16年1月29日号の各拙稿を、それぞれ加筆補正したものである。）

〈1〉国会図書館所蔵の冊子、厚生省職業局『昭和十六年十二月・労務調整令事務取扱関係通牒集（一）』所収の「労務調整令施行に関する件依命通牒（昭和十六年十二月十六日厚生省発職第一八六号厚生次官より各地方長官宛）」。

〈2〉国立公文書館所蔵の公文書集『公文類聚第六十七編巻六十・昭和十八年』所収の公文書「行政事務の整理簡捷化及中央官庁の権限の地方委譲等に関する件（昭和十八年十二月十四日・閣議決定）」。

〈3〉国立公文書館所蔵の公文書集『公文類聚第六十八編巻二十五・昭和十九年（朝鮮総督府四）』所収の公文書「朝鮮総督府部内臨時職員設置制中改正の件（昭和十九年七月十二日公布・閣議決定）」。

〈4〉国会図書館所蔵の政府当局者の解説書『企画院第三部・山内第二課長講演、昭和十八年度国民動員計画の解説』（43年7月15日、生産拡充研究会、非売品）。

〈5〉金富子「朝鮮植民地支配と『慰安婦』戦時動員の構図」、『証言・未来への記憶・アジア「慰安婦」証言集Ⅰ』（2006年、明石書店）所収。

〈6〉「労務調整令の施行に関する件（昭和十七年三月二日、全羅南道内務部長）」（樋口雄一編『戦時下朝鮮人労務動員基礎資料集Ⅱ』2000年、緑蔭書房）所収。

〈7〉「朝鮮職業紹介令施行に関する件（昭和十五年一月二十七日、各道知事宛、内務、警務局長通牒）」（樋口雄一編『戦時下朝鮮人労務動員基礎資料集Ⅴ』2000年、緑蔭書房）所収。

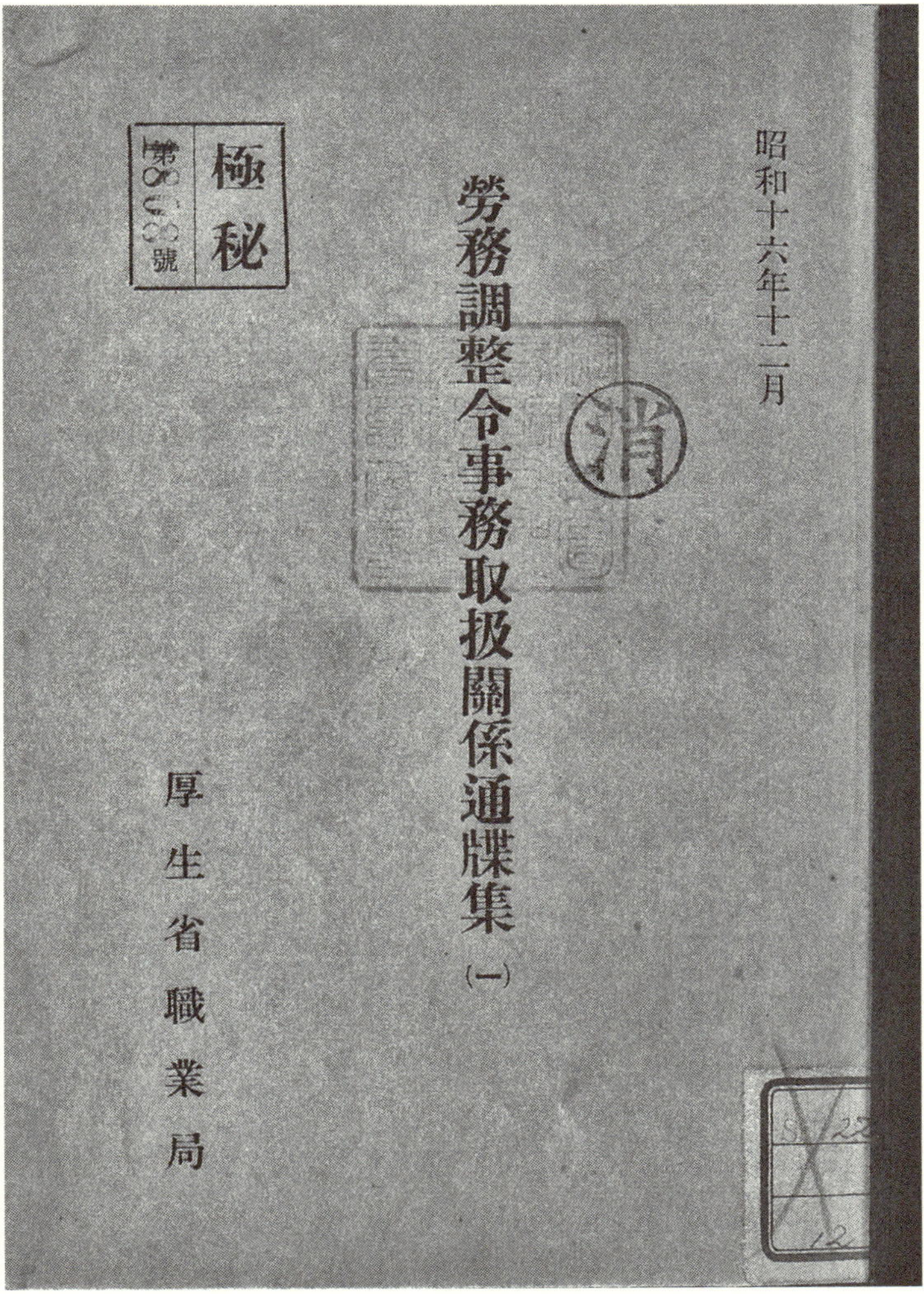
昭和十六年十二月

勞務調整令事務取扱關係通牒集

(一)

極秘

第　　號

消

厚生省職業局

① 「極秘」のスタンプがある厚生省職業局『昭和十六年十二月・労務調整令事務取扱関係通牒集（一）』＝国会図書館所蔵

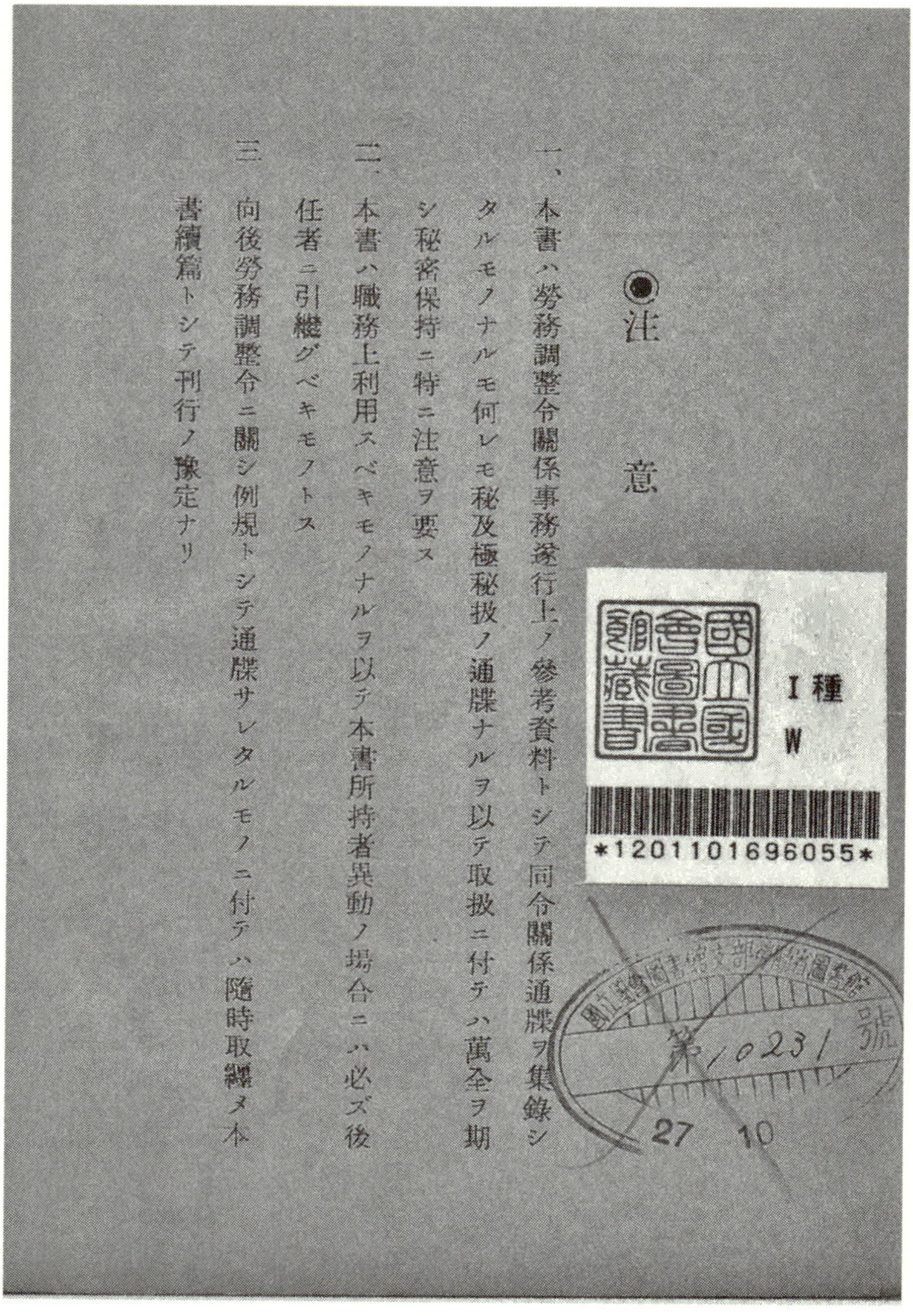

◉注　意

一、本書ハ勞務調整令關係事務遂行上ノ參考資料トシテ同令關係通牒ヲ集錄シタルモノナルモ何レモ秘及極秘扱ノ通牒ナルヲ以テ取扱ニ付テハ萬全ヲ期シ秘密保持ニ特ニ注意ヲ要ス

二、本書ハ職務上利用スベキモノナルヲ以テ本書所持者異動ノ場合ニハ必ズ後任者ニ引継グベキモノトス

三、向後勞務調整令ニ關シ例規トシテ通牒サレタルモノニ付テハ随時取纏メ本書續篇トシテ刊行ノ豫定ナリ

②「通牒集（一）」の表紙の裏の「注意」書き　＝国会図書館所蔵

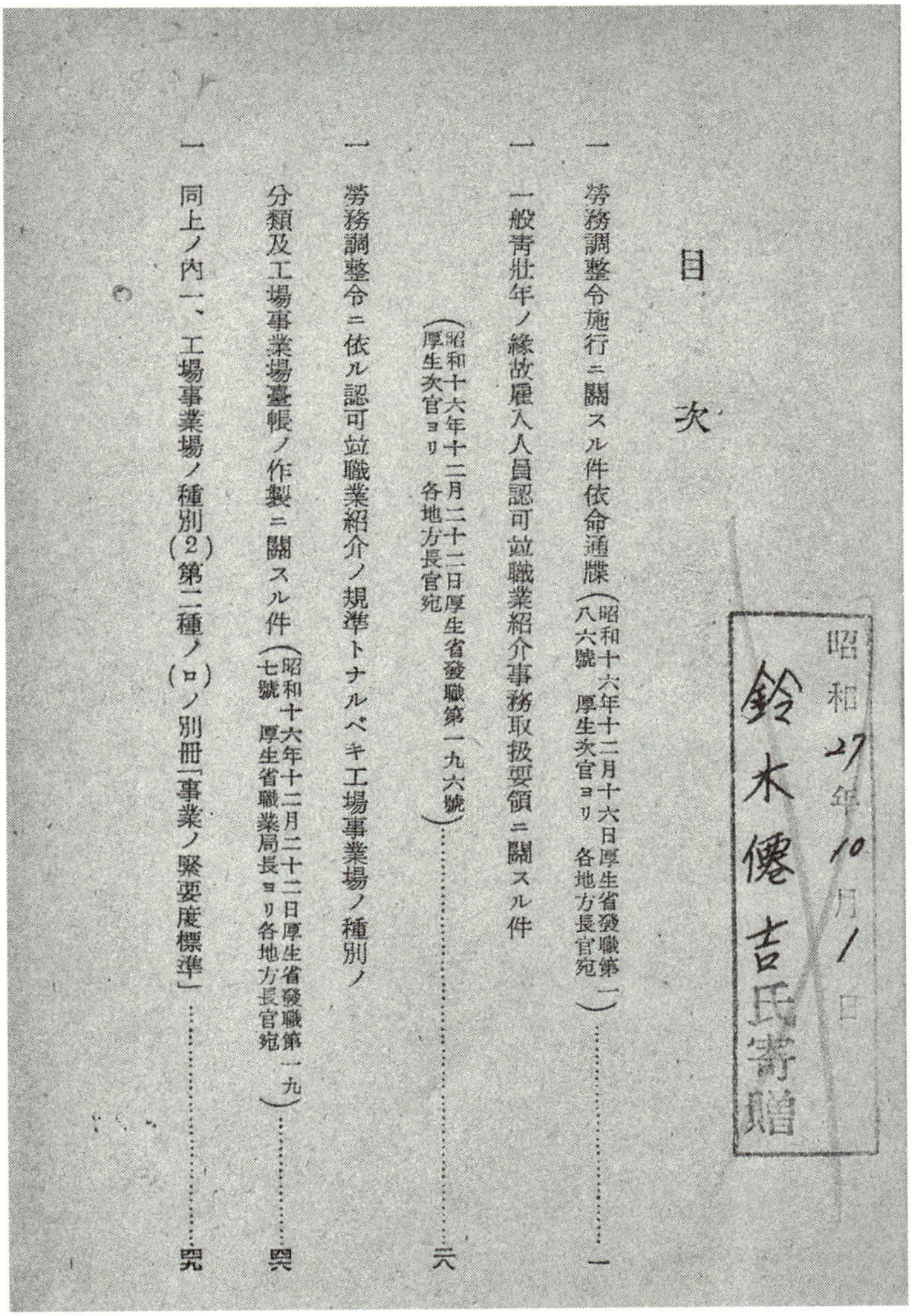

目次

③「鈴木僊吉氏寄贈」のスタンプのある「通牒集（一）」の目次の頁　＝国会図書館所蔵

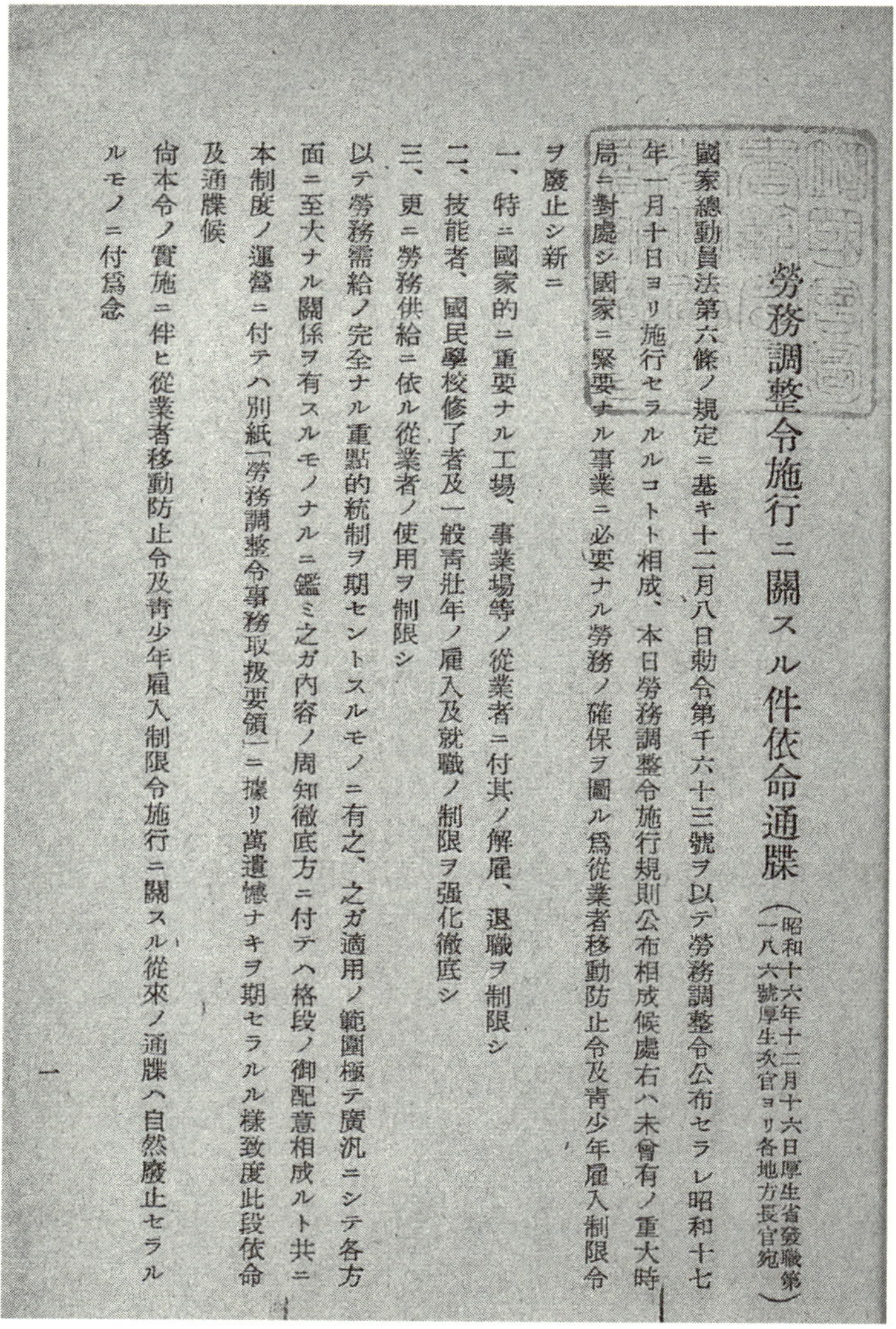

勞務調整令施行ニ關スル件依命通牒（昭和十六年十二月十六日厚生省發職第一八六號厚生次官ヨリ各地方長官宛）

國家總動員法第六條ノ規定ニ基キ十二月八日勅令第千六十三號ヲ以テ勞務調整令公布セラレ昭和十七年一月十日ヨリ施行セラルルコトト相成、本日勞務調整令施行規則公布相成候處右ハ未曾有ノ重大時局ニ對處シ國家ニ緊要ナル事業ニ必要ナル勞務ノ確保ヲ圖ル爲從業者移動防止令及青少年雇入制限令ヲ廢止シ新ニ

一、特ニ國家的ニ重要ナル工場、事業場等ノ從業者ニ付其ノ解雇、退職ヲ制限シ

二、技能者、國民學校修了者及一般青壮年ノ雇入及就職ノ制限ヲ强化徹底シ

三、更ニ勞務供給ニ依ル從業者ノ使用ヲ制限シ

以テ勞務需給ノ完全ナル重點的統制ヲ期セントスルモノニ有之、之ガ適用ノ範圍極テ廣汎ニシテ各方面ニ至大ナル關係ヲ有スルモノナルニ鑑ミ之ガ内容ノ周知徹底方ニ付テハ格段ノ御配意相成ルト共ニ本制度ノ運營ニ付テハ別紙「勞務調整令事務取扱要領」ニ據リ萬遺憾ナキヲ期セラルル樣致度此段依命及通牒候

尚本令ノ實施ニ伴ヒ從業者移動防止令及青少年雇入制限令施行ニ關スル從來ノ通牒ハ自然廢止セラルルモノニ付爲念

一

④「労務調整令施行に関する件依命通牒」（極秘通牒）の題字のある頁　＝国会図書館所蔵

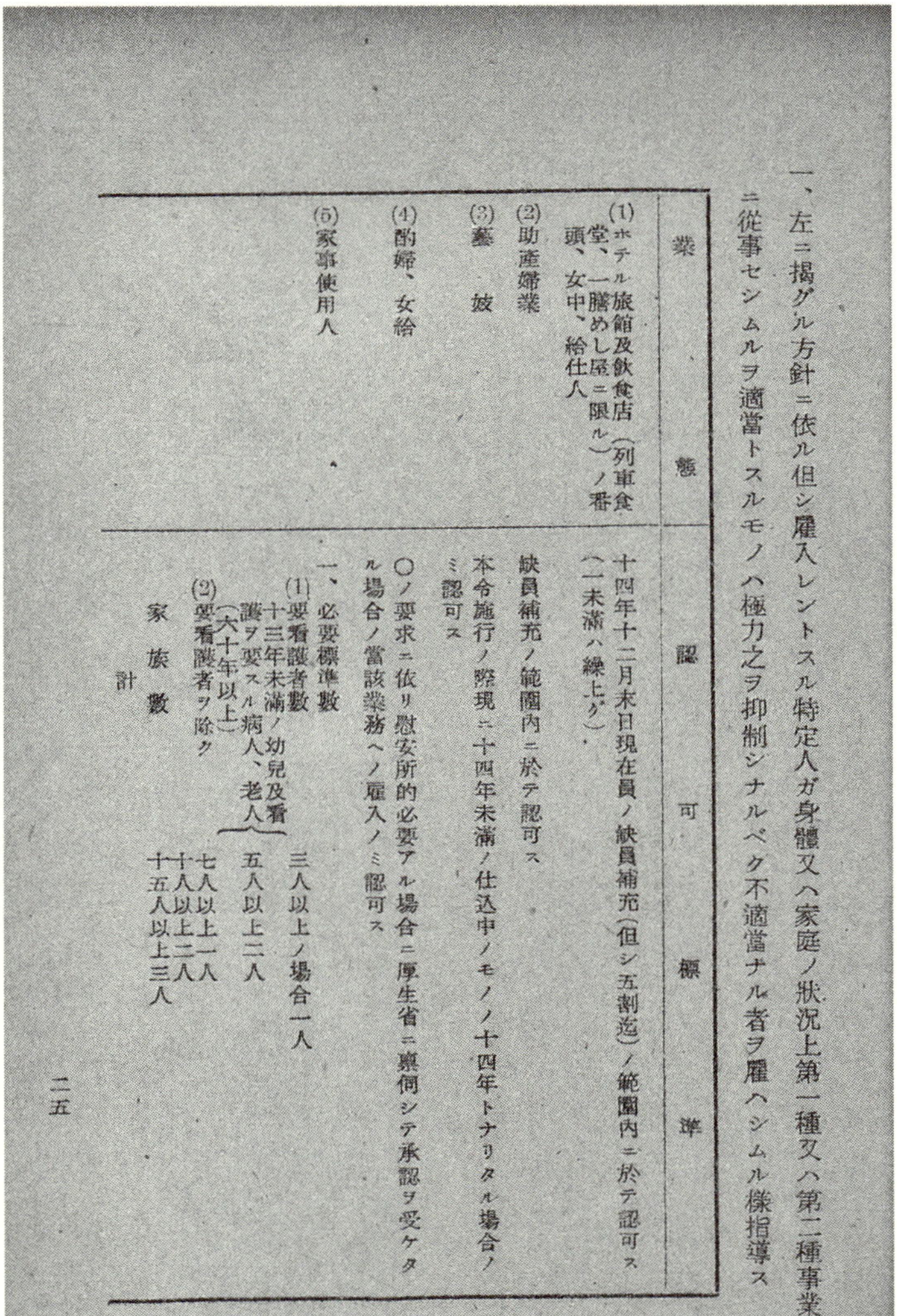

一、左ニ掲グル方針ニ依ル但シ雇入レントスル特定人ガ身體又ハ家庭ノ狀況上第一種又ハ第二種事業ニ從事セシムルヲ適當トスルモノハ極力之ヲ抑制シナルベク不適當ナル者ヲ雇ヘシムル樣指導ス

業態	認可標準
(1) ホテル旅館及飲食店（列車食堂、一膳めし屋ニ限ル）ノ番頭、女中、給仕人	十四年十二月末日現在員ノ缺員補充（但シ五割迄）ノ範圍内ニ於テ認可ス（一未滿ハ繰上グ）
(2) 助産婦業	缺員補充ノ範圍内ニ於テ認可ス
(3) 藝　妓	本令施行ノ際現ニ十四年未滿ノ仕込中ノモノノ十四年トナリタル場合ノミ認可ス
(4) 酌婦、女給	○ノ要求ニ依リ慰安所的必要アル場合ニ厚生省ニ稟伺シテ承認ヲ受ケタル場合ノ當該業務ヘノ雇入ノミ認可ス
(5) 家事使用人	一、必要標準數 (1) 要看護者數（十三年未滿ノ幼兒及看護ヲ要スル病人、老人（六十年以上））　三人以上ノ場合一人　五人以上二人 (2) 要看護者ヲ除ク家族數　七人以上一人　十人以上二人 計　十五人以上三人

二五

⑤　「国民動員計画」の指定業務に「(軍の) 酌婦、女給」があることを示す一覧表＝国会図書館所蔵

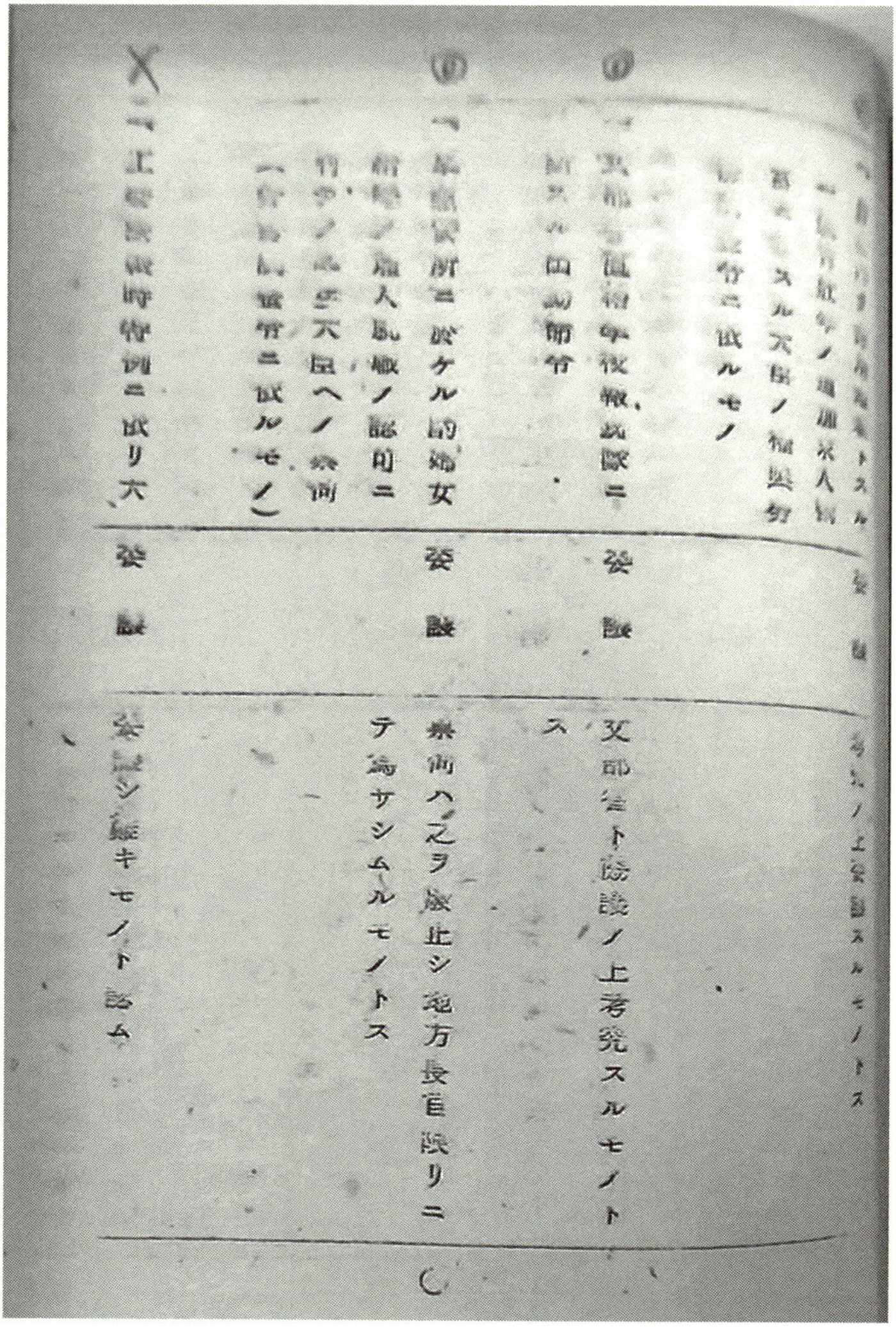

⑥　「軍慰安所」という名称が明示された公文書「行政事務の整理簡捷化及中央官庁の権限の地方委譲等に関する件」　＝国立公文書館所蔵（本書 148 頁参照）

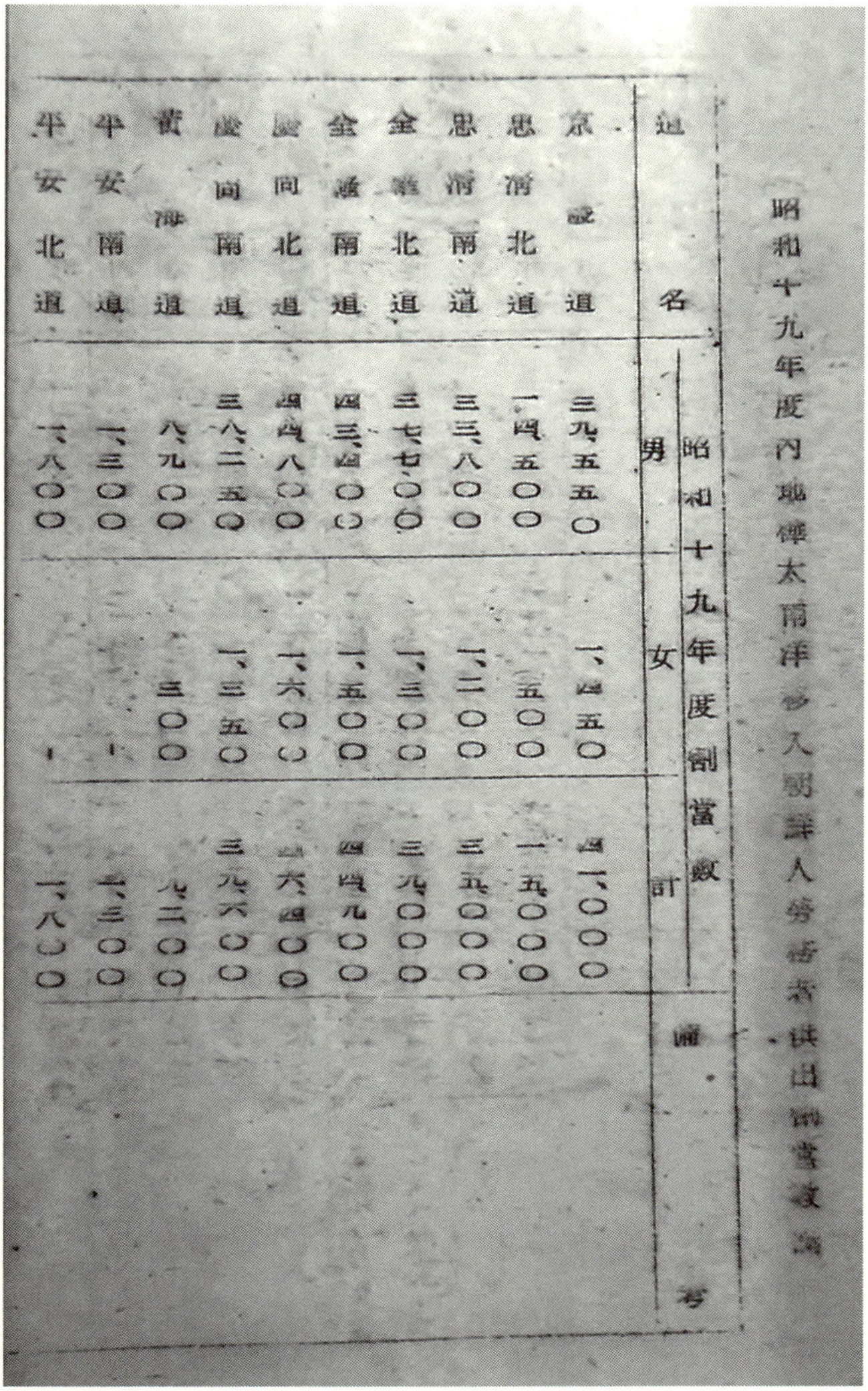

昭和十九年度內地樺太南洋移入朝鮮人勞務者供出割當數調

道名	昭和十九年度割當數 男	女	計	備考
京畿道	三九、五五〇	一、四五〇	四一、〇〇〇	
忠清北道	一四、五〇〇	五〇〇	一五、〇〇〇	
忠清南道	三三、八〇〇	一、二〇〇	三五、〇〇〇	
全羅北道	三七、七〇〇	一、三〇〇	三九、〇〇〇	
全羅南道	四三、四〇〇	一、五〇〇	四四、九〇〇	
慶尚北道	四四、八〇〇	一、六〇〇	四六、四〇〇	
慶尚南道	三八、二五〇	一、三五〇	三九、六〇〇	
黄海道	八、九〇〇	三〇〇	九、二〇〇	
平安南道	一、三〇〇	ー	一、三〇〇	
平安北道	一、八〇〇	ー	一、八〇〇	

⑦　朝鮮人男女の「供出」人数を各道に割り振った「昭和十九年度内地樺太南洋移入朝鮮人労務者供出割当数調」　＝国立公文書館所蔵

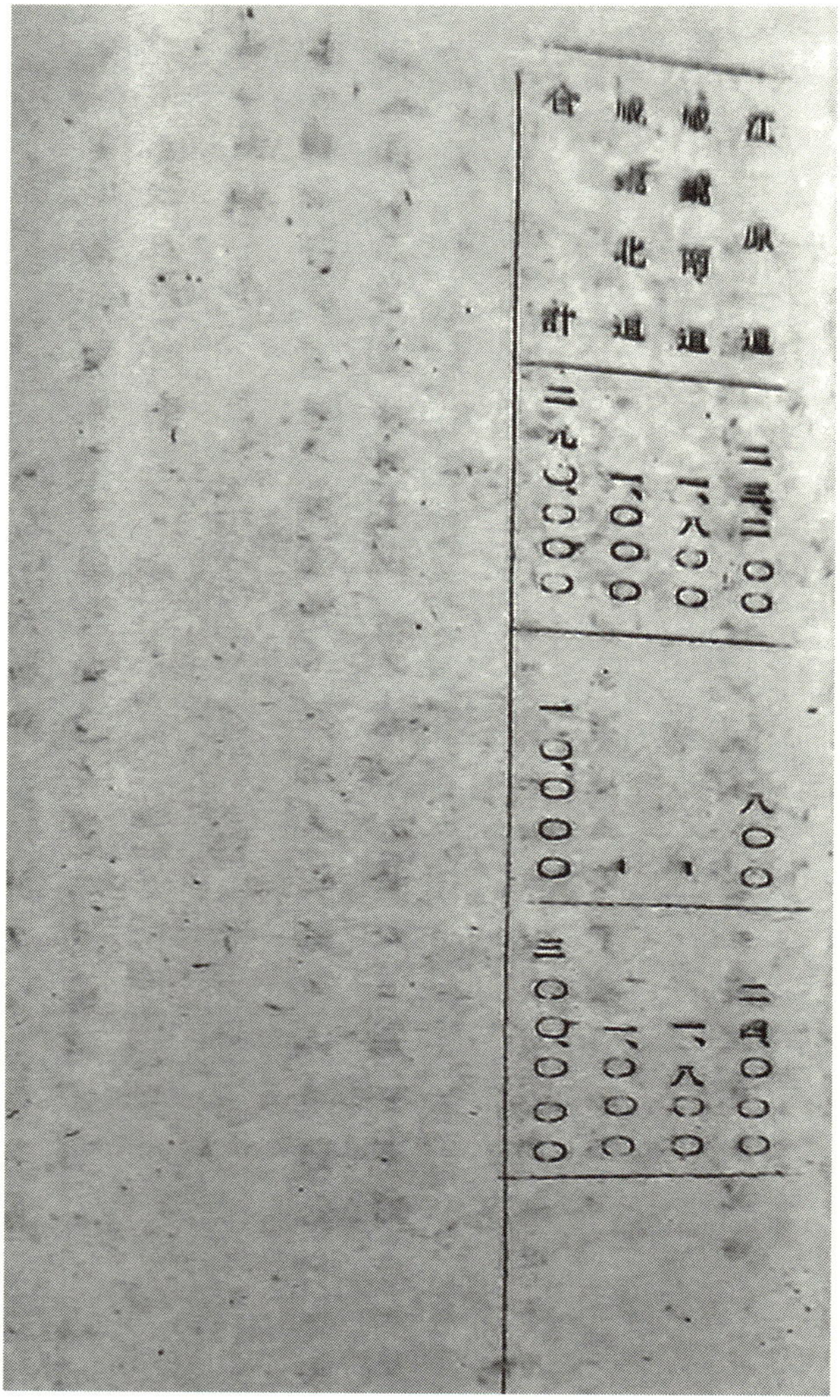

江原道	二三、二〇〇	八〇〇	二四、〇〇〇
咸鏡南道	一、八〇〇		一、八〇〇
咸鏡北道	一、〇〇〇		一、〇〇〇
合計	二九〇、〇〇〇	一〇、〇〇〇	三〇〇、〇〇〇

⑧　合計で男２９万人、女１万人の強制連行の計画があったことを示す
「朝鮮人労務者供出割当数調」の続き　＝国立公文書館所蔵

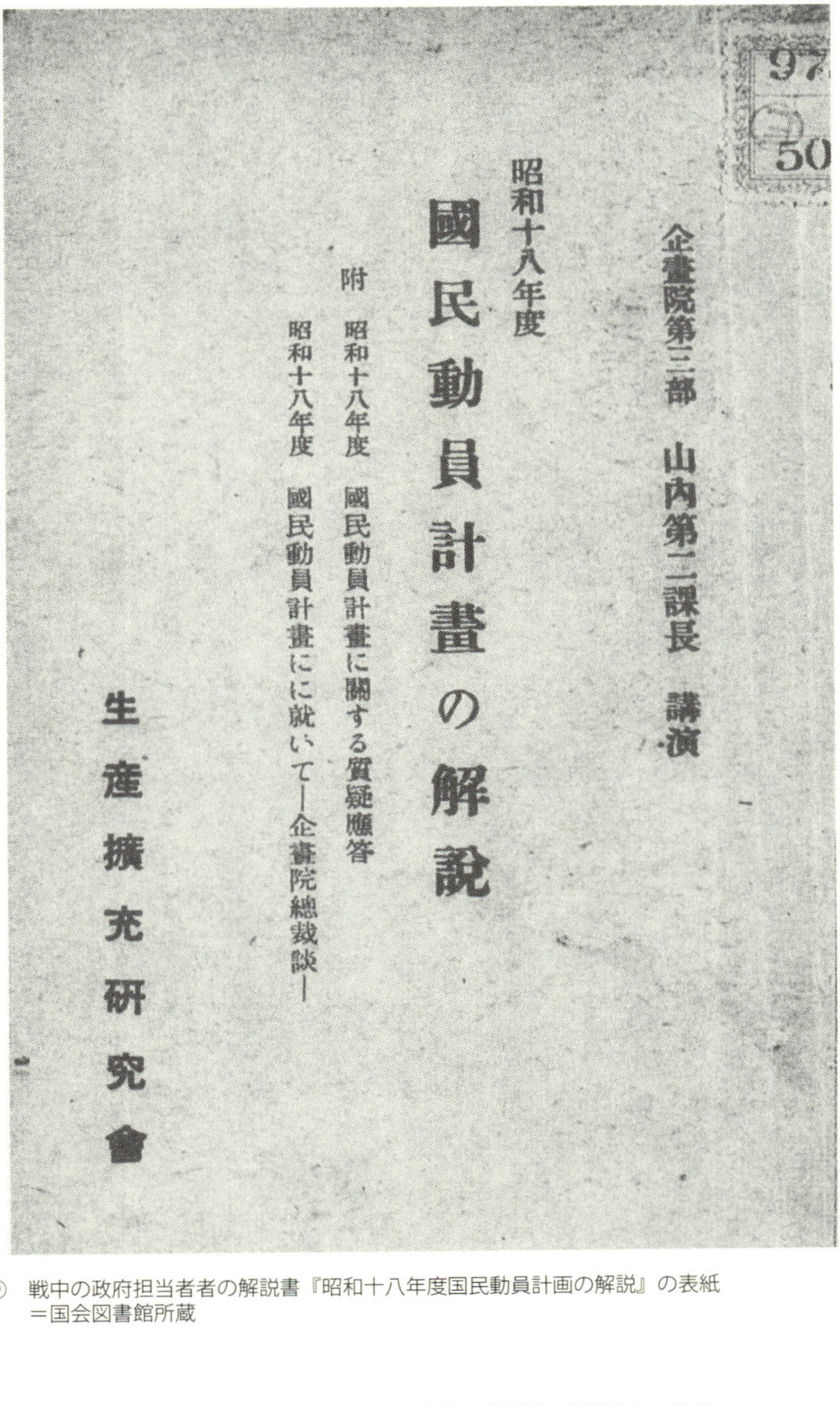
企畫院第三部　山内第二課長　講演

昭和十八年度

國民動員計畫の解説

附　昭和十八年度　國民動員計畫に關する質疑應答

昭和十八年度　國民動員計畫にに就いて―企畫院総裁談―

生產擴充研究會

⑨　戦中の政府担当者者の解説書『昭和十八年度国民動員計画の解説』の表紙＝国会図書館所蔵

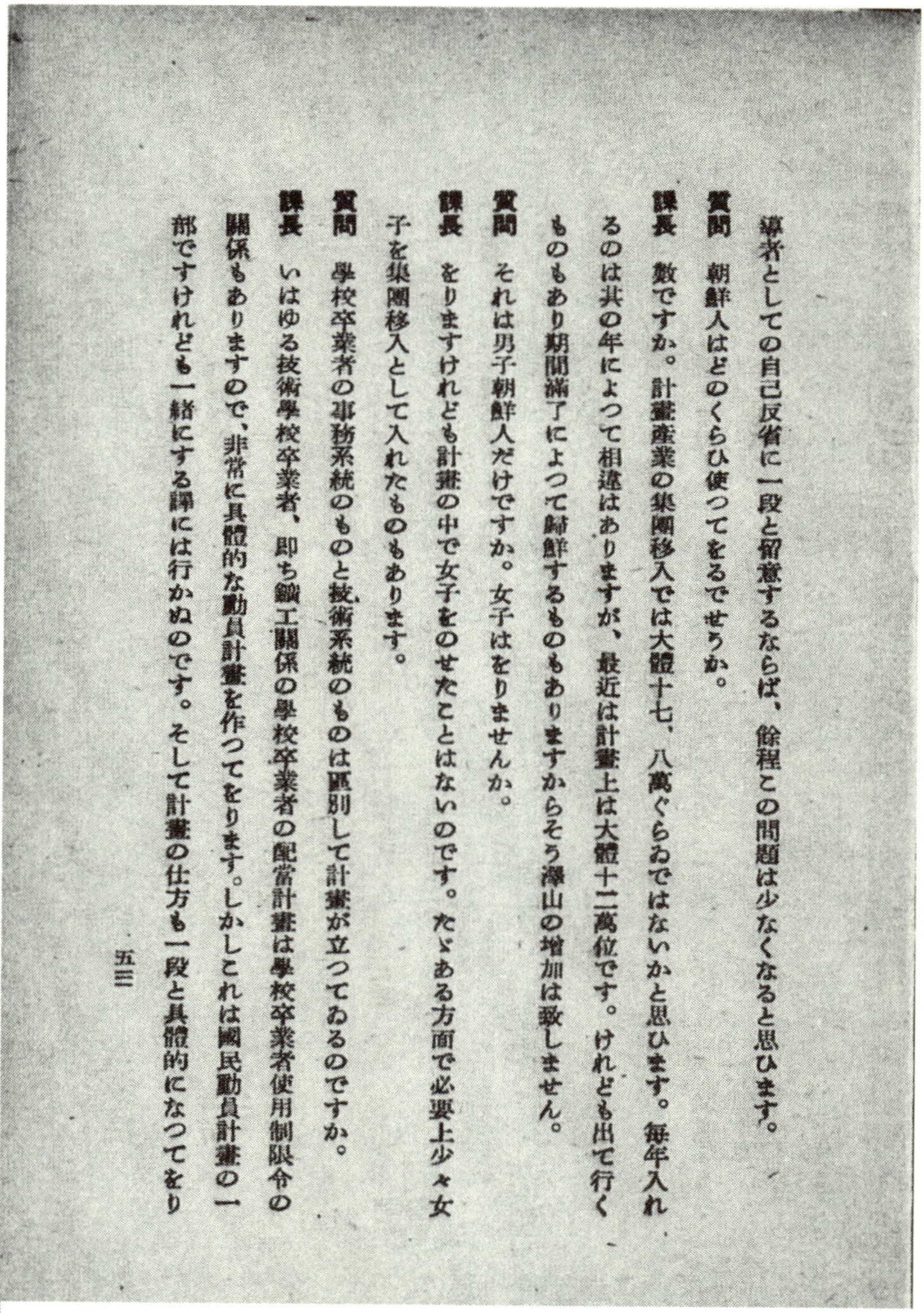

導者としての自己反省に一段と留意するならば、餘程この問題は少なくなると思ひます。

質問　朝鮮人はどのくらひ使つてをるでせうか。

課長　數ですか。計畫產業の集團移入では大體十七、八萬ぐらゐではないかと思ひます。每年入れるのは其の年によつて相違はありますが、最近は計畫上は大體十二萬位です。けれども出て行くものもあり期間滿了によつて歸鮮するものもありますからさう澤山の增加は致しません。

質問　それは男子朝鮮人だけですか。女子はをりませんか。

課長　をりますけれども計畫の中で女子をのせたことはないのです。たゞある方面で必要上少々女子を集團移入として入れたものもあります。

質問　學校卒業者の事務系統のものと技術系統のものは區別して計畫が立つてゐるのですか。

課長　いはゆる技術學校卒業者、即ち鑛工關係の學校卒業者の配當計畫は學校卒業者使用制限令の關係もありますので、非常に具體的な動員計畫を作つてをります。しかしこれは國民動員計畫の一部ですけれども一緒にする譯には行かぬのです。そして計畫の仕方も一段と具體的になつてをり

五三

⑩「国民動員計画」の朝鮮人強制連行の中に女性がいることを説明する個所
(『昭和十八年度国民動員計画の解説』)　＝国会図書館所蔵

三一〇

（別紙）

朝鮮總督府職業紹介所ニ於ケル職業紹介業務ノ取扱時間ニ關スル件準則

一 職業紹介所ニ於ケル職業紹介ノ業務ハ毎日左ノ時間内之ヲ取扱フ但シ昭和二年勅令第二十五號ニ依ル休日、明治六年太政官布告第二號ニ依ル休暇日、大正四年朝鮮總督府告示第百五十一號ニ依ル朝鮮總督府始政記念日及日曜日ハ其取扱ヲ爲サズ

五月一日ヨリ九月三十日迄
午前八時ヨリ午後四時迄トス
十月一日ヨリ翌年四月三十日迄
午前九時ヨリ午後四時迄トス

二 職業紹介所長ニ於テ必要アリト認メタルトキハ前項ニ拘ラズ取扱時間ヲ延伸シ又ハ休日、休暇日、朝鮮總督府始政記念日及日曜日ト雖モ取扱ヲ爲スコトアルベシ此ノ場合ニ於テハ當該職業紹介所前ニ其ノ旨ヲ掲示ス

朝鮮職業紹介令施行ニ關スル件

昭和十五年一月二十七日
各道知事宛　内務、警務局長通牒

一月二十日府令第六號及第七號ヲ以テ朝鮮職業紹介令ノ施行ヲ見タルガ之ガ實施ニ當リテハ別記各項ニ依リ取計ヒ其ノ適正ナル運用ニ遺憾ナキヲ期セラレタシ依命通牒ス

追テ本件ニ關スル申請書類等ハ内務部ニ於テ受理シ同部ニ於テ勞務調整上ノ見地ヨリ之ヲ審査シタル上更ニ之ヲ警察部ニ合議シ警察部ニ於テハ之等事務等ニ伴フ弊害防遏ノ見地ヨリ之ヲ審査シ夫々監督査察ヲ加フベキモノナルニ付關係部課ニ於テ特ニ緊密ナル連絡ヲ保持シ本件處分ニ當リテハ其ノ迅速ヲ期スルヤウ致度尚本令ハ國ニハ適用ナキ趣旨ナルニ付　爲念

（別記）

第一　職業紹介事業、勞務供給事業及勞務者

⑪　朝鮮総督府の通牒「朝鮮職業紹介令施行に関する件」の題字＝樋口雄一編（『戦時下朝鮮人労務動員基礎資料集Ｖ』2000 年、緑蔭書房）所収

三一四

知事ニ提出セシムルコト

前項ノ場合ハ朝鮮總督府職業紹介所長又ハ府尹郡守島司ハ就勞地ヲ管轄スル警察署長ト合議ノ上概ネ左ノ事項ニ付調査シ意見ヲ附シテ右申請書ノ進達ヲ爲スコト

道知事規則第四十一條ノ規定ニ依リ申請書ヲ經由進達スル場合モ右ニ依リ意見ヲ附スルコト

（一） 申請書ニ記載シタル事項ノ眞否、特ニ募集豫定人員ガ過大ナルコトナキヤ

（二） 職業紹介機關ノ取扱ニ依ル充足ハ困難ナリヤ否

（三） 募集スベキ人員ノ緊要ノ程度

（四） 就業案内ニ記載シタル勞働條件ノ眞否及其ノ適否

申請書ハ正本及副本トシ左ニ依リ提出セシムルコト

募集地一道内限ノ場合　三通

募集地二道内限ノ場合　五通　以下募集道一道ヲ増ス毎ニ一通ヲ加フルコト

募集從事者ノ寫眞ハ成ルベク最近撮リタル半身、脫帽正面向ノモノトシ募集從事者一人ニ付二葉ヲ添附セシムルコト但シ募集從事者ノ擔當募集區域二道以上ニ渉ル場合ハ擔當募集區域一道毎ニ寫眞二葉ヲ添附セシムルコト

三 就業場所在地ガ鮮外ナル場合ハ直接規則第三十九條ニ依リ手續セシムルコト

四 募集地ヲ管轄スル地方廳ハ募集地ニ於ケル應募餘力、募集地ニ於ケル職業紹介機關ノ事業ニ對スル障害ノ有無、募集從事者ノ個人的事情等ヲ參酌シテ許否ヲ判斷スルコト

五 募集從事者ニ付テハ其ノ素行及身許ヲ嚴重調査シ不適當ナル者ヲシテ募集ニ從事セシメザルコト就中左ノ各號ノ一ニ該當スル者ハ許可官廳ニ於テ特ニ支障ナシト認メラルル場合ノ外之ヲ從事者タラシメザルコト

（一） 第二ノ七ノ(一)乃至四ニ揭グル者

（二） 宿屋、料理屋、飲食店、貸座敷、藝妓屋、遊戲場、藝妓、娼妓、酌婦若ハ之ニ類スルモノノ周旋業、婚姻媒介業、借用告知業、質屋、古物商、金錢貸付業其ノ他之ニ類スル營業ヲ爲ス者若ハ其ノ從業者又ハ之ト同居スル者

（三） 勞務供給事業ヲ行フ者又ハ其ノ從業者但シ其ノ供給業者ノ所屬勞務者ヲ募集スル場合ハ此ノ限ニ在ラズ

― 340 ―

⑫　朝鮮での「娼妓、酌婦」の募集は、官庁が認可した事業主には許されていたことを示す⑪の通牒の該当記述＝樋口雄一編（『戦時下朝鮮人労務動員基礎資料集Ⅴ』2000 年、緑蔭書房）所収

第四部　植民地主義と知識人の責任を問う

日本知識人の覚醒を促す
——和田春樹先生への手紙

徐京植

和田春樹先生、やむにやまれぬ気持ちから、このお手紙を差し上げます。ことの性質上、公開書簡の形にしたことをご理解下さい。

昨年12月28日、韓日外相会談による、いわゆる「慰安婦問題に関する最終合意」（以下「合意」）が発表されましたが、被害者をはじめ韓国や世界の多くの人々がこれを批判し激しく反発しています。先生がこの「合意」の直後に新聞に公表された見解「被害者訪ね謝罪の言葉を」（「朝日新聞」2015年12月29日）は、今回の「合意最終妥結」は「意外だった」という言葉で始まっています。「被害者にどのように謝罪の言葉を伝えるのかが、まったく見えてこない」とし、韓国政府がつくる財団に10億円拠出してすませようという「無責任な態度だと反発を受けかねない」と懸念を表しておられます。

今回の「合意」に対する批判の代表的なものとして、「慰安婦問題」研究の第一人者である吉見義明教授が「真の解決に逆行する日韓『合意』」と題する文章を発表しています（「世界」2016年3月号）。その論旨をごく簡単にまとめると、以下のとおり。①事実と責任の所在の認定があいまいである。「(日本)軍の関与の下に」というのでなく、「軍が」となぜいえないのか。②「慰安婦」制度が「性奴隷制度」であることを否認している。③賠償しないという「合意」である。④真相究明措置と再発防止措置は実施されていない。⑤加害者側が「最終的かつ不可逆的に解決」などと言ってはならない。それを言えるのは被害者側だけだ。「今回の合意は、日韓両政府が被害者を抑圧して、解決したことにするという強引なものである。(中略)これが実施過程に入っても被害者は受け入れないだろうから「合意」の実現が不可能になる。だから「最終解決」はされえないだろう。(中略)白紙に戻してもう一度やりなおさなければならない。」

私は、この吉見教授の見解に全的に同意するものですが、和田先生はいかがですか?

和田先生は「朝日新聞」の記事で、自身の深くかかわった「アジア女性基金」は韓国で受け入れられなかったとし、その最大の理由は「日本政府は本当に謝罪する気なのかと疑われたことだった」と述べています。まさにそのとおりですが、私は釈然としない思いを禁じることができませんでした。

和田先生ははたして「アジア女性基金」が受け入れられない理由を真に認識しておられるのだろうか、という疑問を覚えるからです。いいかえれば、先生には朝鮮民族(朝鮮半島南北の住民および在日朝鮮人をはじめとするコリアン・ディアスポラを総称)の心が見えているのだろうか、という問いになります。

今回の「合意」発表以前から、和田先生は、アジア女性基金は「客観的に見れば日韓間の問題としての慰安婦問題を解決できなかった」とし、「被害者と運動団体が受け入れない案を提示して事業に失敗するということはくりかえしてはならない」と指摘されました。さらに韓国側が提示した条件、すなわち「被害者が受け入れ、韓国国民が納得できる」案であることが核心的に重要であることを強調されていました（「問われる慰安婦問題解決案」『世界』２０１６年1月号）

結果からみると、先生のこの思いは日本と韓国の政権に裏切られたとみるほかないでしょう。先生はこの「合意」発表を「意外だった」といわれますが、ということは、「被害者が受け入れ、韓国国民が納得できる」解決策で合意される可能性があると見ておられたということでしょうか？

日本政府は早々と今回の「合意」そのものを反故にしかねない言動を繰り返しています。一例を挙げれば、去る2月16日、国連女性差別撤廃委員会の対日審査において、日本の杉山外務審議官は慰安婦問題について「最終的かつ不可逆的」に解決されたと強調しつつ、「日本軍や政府による慰安婦の『強制連行』」は確認できなかった」という趣旨の発言をしました。同じ発言のなかで、この問題で日本政府がとってきた対応として「アジア女性基金」の活動を挙げたそうです。つまり、日本政府はこれまでと同様、今回の「合意」も外交的な自己防御のレトリックとしてのみ活用していく姿勢を明確に示しているのです。

その視点からみると、「安倍首相と朴大統領に、いま一歩の努力をお願いしたい」という和田先生の見解（前掲「朝日新聞」記事）は、吉見教授の見解に比して、いかにもあいまいであると言わざるを得ません。

現実には、先生の懸念した「過ち」は、あくまで国家責任を否定したい日本政府の立場から見れば「過ち」ではなく、むしろ外交的成功だったといえるでしょう。彼らは終始一貫しています。そして、韓国政府はそれに加担したということです。それが「過ち」であったとすれば、「アジア女性基金」の失敗の原因を省察することができず、それを思想的に深めて後代に継承できなかった者たちの「過ち」といえないでしょうか。まことに僭越な言い方になりますが、この意味で、和田先生ご自身の責任も決して小さくないと考えます。

「最終解決」

「慰安婦問題の最終解決」という言葉は、「ユダヤ人問題の最終解決」というナチの行政用語を連想させ、不吉な胸騒ぎを引き起こします。この用語は、あらゆる「問題」の原因を「ユダヤ人」におしつける心理的機能を果たし、究極的に工業的大量虐殺に帰結しました。同じように、「慰安婦問題」という用語は、それが本来「日本問題」であるにもかかわらず、「慰安婦」に問題があるかのような偏見を醸成します。理性的に思考することのできない人々は、目障りな問題は除去したい、うるさい存在は黙らせたい、という反知性的な衝動に身を任せることになります。当事者を無視して強行された「慰安婦問題の最終解決」という「合意」が、今後どんな惨憺たる事態を招くことになるのか、憂慮に耐えません。それは被害者を黙殺する名分、被害者を黙らせる圧力（象徴的には「少女像」の撤去）となって現れるでしょう。愚かにもこの合意を承認した韓国政府は、このような不正義の企てに協力する立場に立つことになりました。

しかし、歴史が語っているように、被害者を最終的に黙らせることは不可能です。「蒸し返さない」という約束は両政府間ではありえたとしても、被害者との間ではありえないことです。「慰安婦」問題の真相は、被害者とそれに共感し支持する人々による不断の「蒸し返し」のおかげで明らかになってきたものです。その「蒸し返し」がなかったとしたら、隠ぺいされた資料が探し出されることも、証人が名乗り出ることもなかったでしょう。政府間でどんな空約束をしようと、今後「蒸し返し」がないということはありえず、必要とあれば何度でも「蒸し返す」ことこそが、被害者側だけではなく加害者側にとっても、正義にかなっているのです。

しかし、日本国民の多数者は、この「蒸し返し」(広くいえば植民地主義批判)の原因と意義を理解できず、さらに攻撃性を強めることでしょう。国民のこのような攻撃性を国家は徹底的に利用しようとするでしょう。私の脳裏に浮かぶ悪夢は、近い将来「朝鮮半島有事」という事態が起きることです。そうなれば、米軍とともに(いまは自衛隊という名の)日本軍が朝鮮半島に侵入してくることになるでしょう。その準備が着々と進められています。日本国民の多数は、すでに内面化された差別意識や攻撃性を克服できないまま、この悪夢を傍観するか、あるいは積極的に支持するでしょう。

これは言うまでもなく、私たち朝鮮民族と日本国民との平和的な共存、よりよい社会に向けての連帯にとって最悪の危機です。このことは、近代史を通して繰り返し提起されてきた日本国民への思想的問い、和田先生自身も提起した問いを、いま一度、深刻に想起してみることを私たちに要請しています。私がほかならぬ和田先生あてに手紙を書くことにしたのも、このような理由からです。金学順《キムハクスン》さんの記者会見から25年。いわゆる「慰安婦」問題は、まったく解決しそうもないままに歳月が過ぎました。私はこの間の日本社会と韓国社会の推移を見つめてきたものとして私見を述べ、先生のご批判をあおぎたいと思います。

暗鬱な風景

この数年、眼の前にはつねに暗鬱な風景が広がっています。2012年12月の総選挙で自民党が大勝し政権政党に復帰しましたが、その際の街頭演説の光景が目に焼き付いています。秋葉原の駅頭で演説する安倍晋三自民党総裁を、日章旗を打ち振って歓呼する「市民」たちが取り巻いて、反中・嫌韓・在日外国人排斥を叫びました。インターネット上で、1930年代のドイツやイタリアにタイムスリップしたような、身の毛のよだつ光景でした。都市の街頭で、極右排外主義勢力の暴言が続いています。それどころか、現在の日本政界は、安倍首相自身をはじめとする歴史修正主義者たちに完全に占拠された状態です。

「慰安婦」問題をめぐっても、韓国の運動体には「過激民族主義」、日本の市民運動体には「反日主義」という低劣な悪罵が投げつけられ、韓日の市民・研究者たちの積年の努力、研究の蓄積、議論の深化をまったく覆す勢いで、否定論や歴史修正主義の嵐が吹き荒れています。嘆かわしいのは、ジャーナリストや知識人たちまでも、このような嵐にただただ身をすくめるか、あるいはみずから進んで同調していることです。

昨年夏に発表された安倍晋三首相の「戦後70年談話」は首相自身がまぎれもない歴史修正主義者であることを再確認させるものでしたが、日本のメディアや知識人から、その点を鋭く指摘する声はほとんど聞かれませんでした。安倍談話は冒頭で、「日露戦争が、植民地支配のもとにあった多くのアジア・アフリカの人々を勇気づけた」と述べています。この認識は長年にわたって日本保守派に広く共有されてきたものですが、朝鮮民衆の立場からは到底容認できないことは言うまでもありません。日露戦争は朝鮮半島と中国東北地方（満州）の覇権をめぐる戦争であり、朝鮮は日本によって軍事占領されて「保護国」化され、そのことが、のちの「併合」へとつながりました。植民地化に抵抗した「抗日義兵」など多くの朝鮮民衆が日本軍に殺戮されたことも歴史の事実です。その朝鮮民族に向かって、安倍首相は、日露戦争を引き合いに出して自国を美化してみせたのです。これは「和解」とは正反対の、愚弄とも挑発ともいえる言動です。

ここでは朝鮮の例のみを挙げましたが、安倍談話は北海道、琉球（沖縄）、台湾に対する征服と支配について、一言の「お詫び」も「反省」も述べていません。安倍首相がその談話において「反省」したのは、第一次世界大戦後、日本が「世界の大勢」を見失い、戦争への道を進んで行った、という点のみでした。これは欧米諸国への弁明にすぎず、植民地支配と侵略戦争の被害者に向けた「反省」といえるものではありません。

安倍談話には「戦場の陰には、深く名誉と尊厳を傷つけられた女性たちがいたことも、忘れてはなりません」と述べているくだりもあります。これがいわゆる日本軍「慰安婦」を指す言葉であれば、なぜ明示的にそう語らないのか。「忘れてはなりません」と、誰が誰に向かって教え諭そうというのか。しかも、誰が傷つけたのかという主語は周到にぼかされています。あくまで国家としての責任を否定または回避しようとする意図がそこに貫かれています。

日本政府は昨年夏の国会で憲法の恣意的な解釈変更によって日米間の「集団的自衛権」を容認する安保法制を強行採決しました。２０１６年1月、「戦後レジームからの脱却」を信条とする安倍首相は、今後改憲に着手すると公然と表明しました。戦後日本の平和主義は、朝鮮民族を含む莫大なアジア民衆の犠牲を代価として与えられたものです。平和の果実はおもに日本国民が享受して来ましたが、日本国民だけのものではありません。しかし、それさえも、いま投げ捨てられようとしているのです。みずから「平和国家」を標榜し、世界の多くの人々もそのように思い込んできた日本が、その看板を降ろす日が迫っています。日本社会に生まれ、そこで65年を暮らしてきた私ですが、こんな風景を見ることになるとは想像していませんでした。なぜなら、私に「人権」「平和」「民主主義」など普遍的価値を教育したのも、戦後日本の平和主義教育と文化だったからです。それが、目の前で無残に崩れています。

初心

和田春樹先生のことを想うと、私の脳裏に古い写真のような情景が浮かび上がってきます。あれは1980年代のはじめ、先生は40代の前半、私はまだ30になったばかりの頃でした。夕刻の銀座通りを歩いていた私は、偶然に先生の姿を見かけました。どこに行かれるのかと尋ねると、「数寄屋橋公園へ」という答えでした。「いまから、デモです」と。

その当時、先生は「日韓連帯運動」に邁進しておられました。光州事件の後、「金大中内乱陰謀事件」の軍事裁判が進行中で死刑判決が予想されるという、文字どおり絶望的な日々だったと記憶します。「金大中を殺すな!」と訴えるその定例デモには多くても数十人、少ないときは数人しか参加しないこともあると聞きました。高名な先生が、そのように世人の関心を引くこともない活動を黙々と続けておられる。華やかな銀座通りを行き交う日本国民の大半は無関心であっても、ここに私たち朝鮮民族の真の友とよぶべき人がいる。そう感じながら私は、重い鞄を下げてゆっくりと立ち去っていく先生の後ろ姿を見送ったのでした。

先生はその当時のお考えを、著書『韓国民衆をみつめること』(創樹社1981年)にまとめておられます。同書「はじめに」に、高校生のときに竹内好の『現代中国論』(1951年初版)を読んで、「歴史と社会に開眼した」という記述があります。竹内との出会いは人間和田春樹の思想形成に決定的な意味を持ったようで、その後も今日まで繰り返し、先生の著作にこの話が登場します。

和田春樹少年の心を揺すぶったのはおそらく、この本に収められている「日本人の中国観」という論文でしょう。1948年に日本を訪れた中国国民党政府の高官である張群が、帰国する際に「日本の皆さんへ」というメッセージを残した。それは、「日本国民に対し、思想革命と心理建設とを徹底的に実行するよう切望」する、「この二つは平和民主日本を保証するだけでなく、日本と他の民主国家とが合理的関係を再建するのに必要な保証にもなる」と述べていた。しかし、誰もこの呼びかけに答えたものがいない、だからこそそれに答えたい、それが自分の義務だと感じた、そう先生は記しておられます。

張群のメッセージをほとんど誰もまともに受け止めなかった原因について、竹内好は、商業新聞から日本共産党にいたるまで、中国革命を皮相的なイデオロギー対立の側面からだけ見て、「その底に流れている民族的な革命のエネルギイの面からそれを見ていないからではないか」と指摘し、敗戦直後であるその当時も、日本人の中国観の根底には「侮蔑感」がある、と喝破しています。推測するに、この竹内の思想に触発された和田少年は、その後、これを朝鮮問題に向かい合う時の自己の思想的参照軸にしたのでしょう。「日本人の朝鮮観」を根底から問い直し、「思想革命と心理建設とを徹底的に実行」することが、先生の初心だったのではないでしょうか。

先生の『韓国民衆をみつめること』によって、若かった私はそれまで漠然としか知らなかった自民族の苦闘の歴史と、その中で闘い続ける尊敬すべき人々について多くを教えられました。それはまた、アジアに対する無理解と偏見の暗い穴から抜け出ることができない大多数の日本国民の中に、真の連帯のために自己変革の必要を唱える「稀な日本人」が存在することを知る機会でもありました。当時の感銘が、35年もの年月が経ったいまもよみがえってきます。

同書第1章の「韓国の民衆をみつめること―歴史の中からの反省」と題された論考は1974年、維新独裁が最悪の弾圧政策を繰り広げていた時期に発表されたものです。

先生は、日本が朝鮮を「併合」したとき、詩人・石川啄木などわずかな人々を除いて、「いかに恐るべき罪の道に日本国が入り込もうとしているか」をほとんどの日本人が知らず、あるものは国家権力への恐怖に委縮し、またある者は「併合」に酔いしれて、「日本帝国主義の朝鮮植民地支配がはじまってしまった」と指摘した上で、「日本人が、この侵略と収奪の歴史を否定して、朝鮮半島の人々との新しい関係を創造していくチャンス」は三度あったと説いておられます。

その第一のものは1945年の日本敗戦時。第二の好機は1964―65年、日韓条約交渉の妥結前後。しかし、この二度のチャンスにも、日本国民の大部分は、朝鮮民族の真意、抗日独立闘争の意義を理解することができず、朝鮮民衆と連帯できないまま好機を逃したと指摘した上で、1973年、東京から金大中大統領候補が韓国国家機関に拉致された事件と、それを契機に起きた韓国民主化連帯運動の中に「第三のチャンス」がある、と力説しておられます。これは「われわれが生まれかわるための連帯である。日本人と朝鮮半島の人々との間の歴史をすべての面で問い直し、根底からつくり直すための連帯である」と。

日本国民はこの「第三のチャンス」をつかんだのでしょうか？

かすかな曙光が射し込んだように思えた瞬間はありました。韓国民主化闘争の前進に励まされて、韓日民衆間の連帯が急速に進むように見えた瞬間です。しかし、90年代から今日まで、日本は長い反動の時代に入ってしまいました。90年代の半ばに国家主義的な政治家団体の中枢に登場した少壮政治家安倍晋三が、いまでは総理大臣です。彼の内閣には、同じく90年代の半ばに「慰安婦」問題に対する対抗意識から発足した「日本会議」という国粋主義組織のメンバーが多数参加しています。振り返ってみれば、実に惨憺たる歳月というほかありません。

ただ、私はこの事態を前に、和田先生をはじめ日本の進歩的な人々にも、はたして自分たちの側に問題はなかったか深刻に振り返っていただきたいと思っております。

「第四の好機」

１９８９年１月７日、昭和天皇（裕仁）が死去した時、私は「第四の好機―「昭和」の終わりと朝鮮」と題する小文を草しました（『世界』１９８９年４月号）。タイトルからも明らかなとおり、和田先生から受けた影響の延長線上にある論考です。

「日本の朝鮮植民地化の過程は、すべて統治権の総攬者たる天皇の「裁可」を得て進められた。朝鮮総督は、法的にも天皇に「直隷」する、天皇の代理人であった。（朝鮮植民地支配とそれにともなう投獄、拷問、殺害などの行為は）先日死去したその人の名において行われたのである。（中略）「昭和」の終わりにあたって、この否定しようもない事実を想起する日本人は、まことにわずかでしかない。（中略）彼らは知らないのではなく、黙殺しているのである。なぜなら、「朝鮮」を直視することは、彼らの自己肯定、自己賛美の欲求と相いれないから。しかし、考えてみるまでもなく、侵略と収奪の歴史を自己否定することは、日本人自身の道徳的更生と永続的な平和の確保のためにこそ必要なのである。そうでなければ、日本人は将来にわたって「抗日闘争」に直面し続けるほかない。」

昭和天皇の死去を、日本のマスメディアは一斉に「崩御」という用語を用いて伝えました。これはもちろん、日本国憲法の精神にも反する、封建的身分制の用語です。日本のメディアは進んで「臣下」の地位を選んだことになります。

朝日新聞（１９８９年1月7日夕刊）『「昭和」を送る』と題する社説は、私をさらに驚かせました。進歩的リベラル派を代表するとされる朝日新聞の社説が、天皇の戦争責任から目を背け、彼を一個の平和愛好的人物として描こうとしただけではなく、日本敗戦後、米国が「日本再建に役立たせよう」として天皇制を擁護したが、「この考え方はよい結果を生んだ。もしも天皇制廃止ということになっていたら、敗戦の混乱は加速され、復興は遅れていたに違いない」と断言しました。

天皇制肯定の論拠が「復興」とは、なんと虚無的なまでの自己中心主義でしょうか。みずからが加害した相手への想像力が全く欠如しています。日本敗戦後の時点で朝鮮をはじめ被害諸民族は混乱と貧窮に喘いでいましたが、加害国である日本は賠償に着手すらしていませんでした。それどころか、日本経済は朝鮮戦争とベトナム戦争の特需によって大きな利潤を得ました。米国が天皇の戦犯訴追を避けて戦後天皇制を温存したのは、間接支配によって日本統治を円滑に進めようとする意図によってでしたが、それを「よかった」と評する精神には「奴隷根性」という以外の形容が思いあたりません。

この小文を、私は次のように結びました。「いまや天皇死去を「好機」として、天皇の戦争責任を免責することによる日本人全体の「一億総免責」が行われようとし、戦後の「復興」や「繁栄」の手ばなしの自己肯定が巨大な力で進められている。（中略）「昭和」天皇の死去が、日本人にとって自己の歴史を批判的に再検証する好機を提供し、日本人が朝鮮をはじめアジア諸民族との真の友情をつくり出す好機を提供するかもしれない、という私の考えは、おそらくナイーヴすぎるのだろう。日本人はこの「第四の好機」をみすみす逸し去ろうとするのだろうか。」

現時点から振り返ると、やはり私はナイーヴすぎたようです。予測どおり、日本人はその後現在まで「抗日闘争」に直面し続けており、「慰安婦問題」をめぐる対立と葛藤も、大きく見ればこの文脈の上にあるといえます。

このように第三、第四のチャンスも逃されましたが、それでも、私の中には「日本人と朝鮮半島の人々との間の歴史をすべての面で問い直し、根底からつくり直すための連帯」を目指すという和田先生の初心は揺るがないはずだという思いがありました。「連帯」はそれくらい困難なものであるはずであり、たとえどんなに困難でも放棄することの許されないものであるからです。

アジア女性基金発足時の状況を思い出してみましょう。90年代に入って、金学順さんをはじめ、続々と証人たちが現れ始め、それまで隠ぺいされていた証拠資料も発掘され始めました。加藤官房長官談話（1992年1月）、宮沢首相の謝罪表明（同前）、河野官房長官談話（1993年8月）、細川首相記者会見（同前）と、被害者から見てまだまだ不十分とはいえ、日本政府から従来の立場を改める姿勢が連続して表明されました。国際的な関心も盛り上がり、それは北京世界女性会議（1995年9月）の行動綱領（性奴隷制被害に関し、真相究明、加害者処罰、十全な補償を求める）につながりました。このような流れが順調に発展させられていたなら、局面は現在とは違ったものになっていたでしょう。そのために必要だったことは、日本の進歩的市民と韓国の（韓国のみならず全世界の）反植民地主義勢力が連帯を維持しつつ、日本政府に対峙していくことだったでしょう。もちろん保守派からの頑強な抵抗はあったでしょうし、たやすく勝利が得られたとは思いませんが、このような闘いの過程で連帯が強化されたことでしょう。しかし、現実はそのようには展開しませんでした。

私が驚愕したことは、あろうことか、和田先生がアジア女性基金を中心的に推進する位置につかれたことでした。私の知る先生の「初心」にも、あの70年代、80年代の連帯運動の経験にも合致しない、理解しがたい選択でありました。

雑誌「世界」（1995年11月号）に日韓知識人間の往復書簡が掲載されました。往信「なぜ〈国民基金〉

を呼びかけるか」は大鷹淑子、下村満子、野中邦子、和田春樹の4氏連名。返信「やはり基金の提案は受け入れられない」は李効再《イヒョジェ》、尹貞玉《ユンジョンオク》、池銀姫《チウニ》、朴元淳《パクウォンスン》の4氏連名になっています。

この往復書簡で日本側（実質的な執筆者は和田先生でしょう）は、「慰安婦制度は日本軍の判断にもとづいて、日本軍の要請と管理のもとに組織的につくられた」「女性の名誉、尊厳、人権を踏みにじったこの罪は重大」と前置きした後、「問題は、日本政府にとって『従軍慰安婦』問題は国家が犯した戦争犯罪であると法的に認めることは難しいということです」と続けています。その理由として最初に挙げられているのは、「残念ながら日本とドイツは違います」というものです。ドイツはナチ国家と断絶した国家だが、日本は戦前と連続した国家である、過去の戦争犯罪をただの一度も自分では裁けなかった。このような日本国家にいま戦争犯罪を認め、法的責任をとるように求めても難しい、というのです。

当時このくだりを、信じられない思いで何度も読み返したことをいまも記憶しています。

日本とドイツが違うことは周知の事実です。韓国の被害者や知識人が、そのことを知らないとでもいうのでしょうか。ここに述べられている和田先生たちの日本批判は事実としてはそのとおりです。しかし、それは日本政府や日本国民に向けられるべき言葉でしょう。それを日本政府の施策である基金構想を受け入れるよう、韓国側を説得する論法に使用するのは根本的な錯誤ではないでしょうか。卑近なたとえですが、たとえばＤＶを繰り返して反省することのできない人物がいて、その人物の身内が被害者に向かって「彼に根本的な反省を迫っても無理ですよ」と説得しているようなものです。

なんという錯誤でしょうか。

　かつて「われわれが生まれかわるため連帯」を主張しつつ孤独な連帯運動の先頭に立ったあの和田先生が、もっとも「連帯」が求められるこの局面で、こんなことを言おうとは想像もできませんでした。韓国側4氏の返信には、「韓日間に横たわる深淵の深さをみつつ」という副題がついていますが、私もまさしく「深淵」を覗き見る思いがしたものです。

　韓国側4氏の返信は委曲を尽くしたもので、ここにそのすべてを紹介することができないことが残念です。「先生方がおっしゃるように、日本の現実が基金案以外は望みがたいというのは、正直なところでしょう。しかし、私たちはむしろ、日本の政治、社会的現実がそうした雰囲気であるからこそ、ますます基金事業をためらうのも事実なのです。日本がこれほど過去の非人道的犯罪を隠ぺいし糊塗し擁護しようとするので、いくばくかのお金や物質的利益ですべての懸案に決着をつけようとすることは私たちの良心が許さないのです。」日本とヨーロッパ社会が違っている、という論点について、「こうしたちがいがあるからといって、日本の戦後処理における微温的なところまで認めなければならないという法はありません。むしろ、日本社会がヨーロッパとちがって、しっかりとファシズムを清算できていないとすれば、しっかりと清算すべく圧力を加えなければならないと思うのです。」

　韓国側4氏の返信は次のような「連帯」の呼びかけで結ばれています。「日本政府の戦後処理政策が時代錯誤だとしても、それを批判し牽制する日本の健全な市民グループが存在する限り、私たちはその人たちと連帯しともに歴史の進展をはからねばならないのです。私たちは、日本の中にそうした良心的な知識人と市民グループが存在することを確認し、安堵し、また希望を持ちます。（中略）先生方と私たちがこの困難な問題をめぐって行なった議論がささやかな芽となって、次の世代に花開くことを望むばかりです。」

亀裂

和田先生の「〈従軍慰安婦〉基金のよびかけ人になった理由」（1995年7月5日）という文書は、次のような挿話から書き起こされています。1953年、日韓会談が「久保田発言」で中断されたとき、当時17歳の高校生であった先生は異口同音に韓国側を非難する日本政府、野党、大新聞の論調に納得できず、「昔のことはすまなかったという気持ちを日本側が持つか持たぬかは会談の基礎、この点について歩み寄りの余地はない」という韓国側の主張は「朝鮮民衆の声」であり傾聴されるべきだと思った、そのとき以来、自分は日本国民の考えが改められるように願ってきた。――ここには前記した竹内好『現代中国論』の思想が反映していることが読み取れます。

しかし、その思いがなぜアジア女性基金推進へと繋がっていくのか、論理がうまくつながりません。アジア女性基金構想には「不十分な点はあるが、前進と見たい」「壁が厚いと感じていたので、わずかにあいた裂け目にみなが身体を入れ、押し広げていくべき……」と考えたと述べておられますが、何度読んでも釈然としません。当時、日本でも韓国でも、この基金構想に対する批判は強く、尹貞玉先生らが来日して「原則的な立場を貫くように」と促したが、先生は考えを変えなかったということです。

基金構想をめぐって露呈した韓日間の亀裂は、「償い金」支給によって決定的な危機に陥りました。韓国側の反対にもかかわらず、基金側が１９９６年8月から「償い金」支給実施にとりかかり、97年1月に7人の被害者に対して支給を強行したためです。「償い金」伝達式はソウル市内のホテルで非公開のうちに行われました。これに対して、韓国外務省は「日本の基金側が問題の深刻さを認識せず、韓国政府および大多数の被害者の要求に背を向け、一時金支給などを強行したことはまことに遺憾」とコメントしています。韓国の挺対協と市民連帯は「日本政府は基金を通じての買収工作を白紙化して公式に謝罪せよ」「7人のハルモニたちの行動は正しくない」との声明を発表し、のちに7人は「市民連帯」の国民誠金（支援金）支給から除外、残る１５１人に支給すると決定しました。基金側は「償い金」を受け取りたいという「ハルモニの主体性を尊重せよ」と主張し、「7人を差別するな」と要求しました。

和田春樹・高崎宗司連名の「韓国の友人への手紙」（１９９７年5月30日「創作と批評」１９９７年夏号）は、尹貞玉先生の「罪を認めない同情金を受け取ったら。被害者は志願して出て行った公娼になる」という発言をとらえて、「決めつけられたハルモニたちのことを思って涙が流れました」と述べ、市民連帯宣言文の「謝罪のない、賠償金ではない慰労金を受け取ることにより日本政府に免罪符を与え、われわれ自ら二度も金で売られた奴隷になる」ことは許されないというくだりをみて、「驚きを通り越した悲しみを覚え」たと述べています。

私はこれを読んで、尹貞玉先生の「公娼」云々という発言には問題があると思うものの、全体としてみると、ここには奇怪な倒錯があると感じました。償い金を受け取った7人の被害者が批判される立場に立たされたことは悲劇です。しかし、その原因をつくったのは誰でしょうか？　韓国側の了解を得ないまま、事業を強行した基金側に責任はないでしょうか？　それなのに、日本側が韓国側に道徳的非難を向け、自らを道徳的高みに置くというのは、倒錯ではありませんか。

この和田・高崎書簡に対して、韓国神学研究所のキム・ソンジェ先生が返信しています（1997年6月25日）。「（和田）先生は道徳的次元から「国民基金」支給の正統性を強弁しているが、「国民基金」は日本政府が公式謝過と法的賠償を回避するための手段として設立したものなので、「国民基金」自体に道徳性がないのです。もしも「国民基金」が良心的な日本人の純粋の市民団体であるならわれわれも喜んで連帯し、また、純粋に募金した基金であるなら、あえてこれに反対する理由はありません。……先生が個人的な次元で道徳性を強調するのは矛盾です。（中略）「国民基金」がハルモニに葛藤を呼び起こし、ハルモニを差別されるようにし、苦しめているのです。」

和田先生は近著『慰安婦問題解決のために』（2015年5月刊、以下「解決」）で、韓国の被害者、運動団体、世論がアジア女性基金に拒否の態度をとったことについて「今では理解しています」と述べています。また、「予想を超えた強い反発」があったため韓国での事業を中止せざるを得なかった、とも書かれています。ということは当時、多少無理があっても「償い金」支給を実施してしまえば何とかなるだろうと考えていた、ということでしょうか？　それを強行すれば取り返しのつかない対立に陥る、むしろ原則的立場を貫いてほしい、それが連帯の基礎であるというのが、尹貞玉先生をはじめ、和田先生を尊敬していた韓国側の人々の真意だっただろうと推察します。この時の和田先生はなぜ、「朝鮮民衆の声」を傾聴しなかったのでしょうか？

初期設定の誤り

和田先生は、アジア女性基金は韓国と台湾では目的を達することができなかったが、フィリピンとオランダでは「成功を収めた」と総括し、基金に対する批判は理解できるが、その事業によって「心の安らぎをえた被害者がいることを無視して、アジア女性基金を全否定することは正しいことではありません」と述べておられます（「解決」）。

私がここで改めて問いたいことは、韓国と台湾で理解が得られなかったことが不成功の原因というとき、その理解が得られなかった理由をどうお考えかということです。先生の著書には、「見舞金」報道に即座に反論しなかったために真意が誤解された、「償い」という言葉の説明が不十分で韓国語と中国語に翻訳するにあたって「決定的な誤り」を犯した、などが理由として挙げられています。しかし、私の考えではこれらの理由は「決定的」なものではありません。

決定的な理由は、「初期設定の誤り」にある、と私は考えます。

和田先生は、「朝日新聞」（1994年8月19日）に「元慰安婦に〈見舞金〉、民間募金で基金構想、政府は事務費のみ」という記事が出たことについて、「この記事がつくりだした印象は致命的でした」と述懐しています（『解決』）。「つくりだした印象」という表現は事実が歪曲されて伝えられたことを示唆していますが、本当にそうでしょうか？　むしろ、これは当時の（社会党を含む）政権の意図を正直に伝えている、その意図は現在まで一貫している、と見るべきではないでしょうか。

和田先生は「五十嵐官房長官は、このとき、ただちに記者会見をして、〈見舞金〉など考えていないと、きっぱり否定すべきでした。しかし、それはおこなわれなかった」、「〈見舞金〉だというレッテルが早々に貼られてしまい、それがはがせなくなった」と述べておられます（『解決』）。しかし、実際には、官房長官が「きっぱり否定しなかった」のは、〈見舞金〉と呼ぶにせよ何と呼ぶにせよ、正式な賠償金は絶対に支出しないという点が政権の譲れない意図だったからではありませんか。和田先生は藪中元外務次官が近著（『日本の針路』2015年）で、日本が慰安婦に「見舞金」を出したと書いているのは不見識であると批判していますが、これこそが日本政府中枢部の一貫して変わらない立場なのであり、それを和田先生のように「事実上の補償金」であると便宜的に読みかえて受け入れるよう被害者に向かって主張することのほうに無理があります。これに反発した被害者側や運動団体こそ、事実を正確に見ていたということになるでしょう。

90年代に入って次々に証人が現れ、訴訟が提起され、国連の舞台でも問題提起されるなど、日本政府は対応に迫られていました。自民党長期政権体制が動揺し政党間の集合離散が繰り返されていた

1993年から95年にいたるあの時期、日本政府としての慰安婦被害者に対する措置は（細川政権の連立与党であった社会党も含めて）体系的に検討されることはなく、官僚に委ねられたことがわかります。

1994年6月に自民・さきがけ・社会党による3党連立政権が誕生し、社会党出身の五十嵐官房長官が中心となって「基金方式」が協議され始めました。アジア女性基金は寄り合い所帯の政権から、十分な準備もないまま、なにより相手方（被害者と支援団体）との慎重な事前協議もないままに、即興的に提案された対応策であったといえます。一国の戦争犯罪に決着をつけるには、あまりにもお粗末であったというほかありません。今回の「合意」はその再演となりました。

政権与党入りした社会党勢力が保守派や官僚の抵抗を崩すことができないと判断し、国家補償や立法解決の道を放棄する中で、玉虫色の対応策として基金案を出してきたことがなによりも大きな問題でした。そのため、政府が一貫して国家補償を否定しているにもかかわらず、和田先生のような存在が、これは「事実上の補償である」と被害者を説得しなければならないという「板挟み」状態に陥りました。先生が「事実上の補償である」という解釈を強調するたびに、その言葉は政府によって覆されてきたのです。今回の「合意」に関する10億円の資金についても同様のことが言えます。別の言い方をすれば、和田先生たちは、政府の立場からみれば被害者に向けた防御壁だったということになります。そのうちに村山内閣は退陣し、保守派が強烈な巻き返しを始めました。

逆方向のベクトル

もう少し大きな歴史の中で見ると、慰安婦問題というのはそもそも世界的な東西対立構造の終焉とともに浮上してきた出来事でした。韓国を含むアジア諸国の権威主義体制が動揺し、民主化が進んだ結果、それまで封印されていた日本の戦争犯罪問題が浮上したわけです。被害者が名乗り出ることが可能となり、支援運動も活発になりました。

しかし、当の日本では、このベクトルは逆方向を向いていました。日本では東西対立時代の終焉は「脱イデオロギー時代」という浅薄な決まり文句とともに、進歩的リベラル勢力の自己解体という方向で進行しました。社会党・総評ブロックそのものが「55年体制」と称する旧体制に依存してきたことは事実ですが、そのような社会変動の中で新しく進歩的勢力を結集する代案を提示することができないまま、すすんで自壊の道を選んだことが致命的でした。小選挙区制を受け入れ、自民党との連立も喜々として受け入れました。一貫して国家主義に抵抗してきた日本教職員組合（日教組）は方針を転換し、学校行事での国旗掲揚、国歌斉唱を容認しました。その際につねに言い交された決まり文句は「時代は変わった。もうイデオロギーの時代ではない」というものでした。進歩勢力がみずから「脱イデオロギー」と称して理念や理想を捨てていたとき、右派勢力はむしろ国家主義イデオロギーの砦を固めて反攻の機会をうかがっていたということになります。

社会党の村山委員長を首班とする3党連立政権が誕生すると、村山首相は、就任直後の国会演説で、安保条約肯定、原発肯定、自衛隊合憲など、旧来の党路線を全面的に変更することを宣言しました。村山談話を発表した際の記者会見で、記者から天皇の戦争責任について質問されると、「それは、ない」と即答しました。すべて、呆れるほどの軽さだったと言うほかありません。

この結果、社会党の求心力は大きく低下し、１９９６年1月の村山内閣総辞職後、社会党は党名を社会民主党に改称して解体しました。それ以来、日本の進歩的リベラル勢力は政治的受け皿を失って現在に至っています。現在、安保法制についても、原発再稼働問題についても、世論調査では国民の半数内外が反対の意思をもっているにもかかわらず、その意思を代表する政治勢力が不在のままなのです。

慰安婦問題は東西対立終焉後の韓国と日本で、このように社会変動のベクトルが逆方向に交差する中で浮上したものといえるでしょう。いうならば、「原則」を守り抜いて民主化を勝ち取った韓国側と、生き残りのために次々と「原則」を放棄しつつあった日本側の進歩勢力とが、慰安婦問題を間に置いて向かい合うことになったわけです。アジア女性基金構想は一瞬といえるほど短期間、政権与党の一角を占めた社会党勢力が、生き残りのために保守派や官僚との妥協を図りながらみずからの存在理由を辛うじて示そうとしたプロジェクトと見ることができます。それだけに、出発の時点から自己矛盾をはらんだものでありました。

現実主義

このようなアジア女性基金構想に反対する人は、日本でももちろん少なくありませんでした。その一人として、和田先生は、私にとっても思い出深い「世界」元編集長の安江良介氏の名を挙げておられます。

和田先生は、韓国で開かれたシンポジウムで以下のように発言されました（「アジア女性基金問題と知識人の責任」（『東アジア歴史認識論争のメタヒストリー』青弓社、２００８年）。「安江良介ら日本の革新系人士たちは国家補償を求め、アジア女性基金を否定的に見た。しかし、運動しても、政府はもはや新しい措置はとらないだろうというのが、この人々も内心考えていたことであった。日本にいればわかることであった。」「意味ある絶対野党主義は、すでに意味を失っていた」。

しかし、私は疑問に思います。「この人々も内心考えていたこと」「日本にいればわかること」と、後日になって、韓国で韓国人に向かって語ることはフェアといえるでしょうか。すでに亡くなった人は反論することができません。私の知る安江良介氏は、そういう考え方をする人ではありませんでした。ぎりぎりまで知恵と努力を惜しまない人でした。

野党的な立場から国家や政府を批判することは「絶対野党主義」であり無意味である、というのでしょうか？　社会党解体の過程でしきりに唱えられた言葉が「現実主義」であり、「万年野党からの脱却」でした。その勢力が政権内に入り、極右派や保守派と妥協することは不可避であり正当であるとお考えですか。その結果が、前に述べた、原則の放棄と自己崩壊です。和田先生も、この発想を共有されているのでしょうか？

先生はさらに、「アジア女性基金に否定的な人々に政府が国家補償をしないときはどうするのかと問うと『そうなれば被害者に謝罪して、募金をして、なにがしかのお金を差し出すほかない』と答えた。となると、アジア女性基金とどのような違いがあるのだろうか」そう述べておられます。

もちろん、「違い」ははっきりとあります。国家に抗して民間人の自発的支援金を差し出すのか、それとも国家とともに、国家責任回避の手段としてそれをするのかは根本的な違いです。そして稀代のロマンチストであると同時に冷徹な現実主義者でもあった安江氏は、この「原則」を指摘していたのではありませんか？

先生はこうも発言しておられます。「日本の中の謝罪派の分裂、日韓の対立が日本の右翼の台頭を許した。和解のためにはそれぞれのナショナリズムを尊重し、二国間の連帯をつうじて、国際主義的なものを求めていくことが必要だ。相手が自らに誇りを持ちたいと願っているということを相互に尊重しなければならない。そのことは日本人が韓国に反省と謝罪を表明する場合でも必要である。」

「自らに誇りを持ちたいと願っているということを相互に尊重」すべき、というのは誰のどんな「誇り」を指しているのですか？　自国の歴史的責任を明らかにして新たに更生しようとする人々の人間的な「誇り」は当然に尊敬され、連帯されるでしょう。しかし、自国の歴史的犯罪を隠ぺいないし美化しようとする歴史修正主義的な「誇り」はきびしく拒絶されて当然です。和田先生は「誇り」というあいまいな言葉で、何を指しているのですか？

「謝罪派の分裂が日本右翼の台頭を許した」というなら、その分裂の原因と責任についても踏み込んだ考察が求められるでしょう。私自身は前記したように、初期設定を誤ったまま基金構想を強行しようとした側により重い責任があると考えています。韓国側の知識人や支援団体との連帯を最大限に重んじて、ともに手を取って国家に対峙していたとしたら、局面は違っていたのではないでしょうか。すくなくとも、現在のような消耗な対立ではなく、連帯の気風が育っていたでしょう。

これまで述べたようにアジア女性基金の不成功の原因は、その初期設定の誤りにあり、そのことを早期に修正せず事業遂行に固執したことが連帯の条件を大きく損ねたと私は考えます。その意味で和田先生の「現実主義」は、真の目的に照らして「現実的」ですらありませんでした。

当事者のため？

基金の「償い金」支給事業を正当化するときに、よく用いられるレトリックは「被害当事者は高齢化しており残り時間は少ない。せめて償い金を受け取ってもらって心の安らぎを与えたい」というものです。これが、一人の個人の純粋な善意から出た言葉なら、異議を唱える理由はありませんが、この場合、和田先生は「一人の個人」とはいえず、日本政府が行う基金事業の実行主体なのです。ある時は民間、別の時には国家事業、ある時は個人の善意、別の時は国家意志、このようなあいまいな二面性がアジア女性基金の特徴といえるでしょう。そのため、国家を批判する人は和田先生のような無私で善意の人を非難するのか、という反批判を浴びることになります。そのことを覚悟で言うと、この二面性は相互補完的な構造をなしており、国家責任回避装置であるアジア女性基金に「道徳性」という粉飾をこらす機能を果たしていると私は考えます。和田先生自身にその意図がないとすれば、先生は徹頭徹尾、国家によって利用されたということになるでしょう。

そもそも「被害当事者のため」というレトリックのもつ絶対性を、あらためて虚心に検討してみる必要はないでしょうか？　かりに、当事者が誰も名乗り出ていなかったら、あるいは当事者の全員が「償い金」を受け取ったら、つまり可視的な被害者がいなかったら、この事業の意義はどうなるのでしょう？　この事業は「被害当事者」の存在によって支えられているのですか？

私の考えは違います。この事業は「加害当事者」のためにあるのではないでしょうか。慰安婦制度という前代未聞の悪が行われたという事実の前に震撼し、被害当事者が見えなくとも、あるいはかりに被害者が「許す」と言ったとしても、自律的な倫理観から行われるべき行動ではないでしょうか？

韓国の被害者と支援団体が当初から提示してきた要求は、真相究明、真の謝罪、個人賠償、責任者処罰、正しい歴史教育、追悼碑の建立の6項目です。

和田先生は、「謝罪」については首相の手紙で果たされた、「償い金」は賠償そのものではないが、それと同義のものとみなしうる（そうみなすべきだ）、と主張されます。しかし、被害者に渡される金員は、金額ではなく名分こそが問題なのです。誤解の余地のない明確な補償金でない以上、被害者が真に慰められることはありません。まして、その他の4項目はまったく実行されていないばかりでなく、過去25年間の反動期を経て、ますます実現が遠のいています。

重要な点は、これら6項目はそれぞれ独立してあるのではなく、相互に密接に関連しているということです。真相究明や真の謝罪なしに、処罰も歴史教育も慰霊碑もありえないからです。これら6項目を実現することは、もう一度いうと、被害者のためではなく、加害者のためにこそ必要なのです。被害者の存在が見えない場合でも、加害者が自律的に成し遂げなくてはならないプロジェクトです。被害者はむしろそれを支援してくれている存在ととらえるべきです。

アジア女性基金事業はオランダとフィリピンでは成功したと和田先生は言われます。しかし、この場合、「成功」とは何でしょうか？「被害者の中でもっとも勇敢に名乗り出て、たゆまず日本の国家のしたことを批判し続けたジャン・ラフ＝オハーンは基金に申請を出すことを拒絶しました。」（「解決」）この一人の女性が存在するという事実だけでも、基金が「成功」したとは言えない、すくなくとも「成功」を自賛すべきではない、なぜなら彼女こそが日本国家がもっとも真摯に赦しを乞うべき相手であり、彼女が赦してこそ赦しを得たといえるのだから……私はそう考えるのです。

フィリピンの場合も、「償い金」受け取りを拒否した人たちがいる一方、マリア・ヘンソンさんをはじめとして、最終的に受け入れた人もいます。ヘンソンさんは「償い金」を受け取った翌年に亡くなりました。戦中に日本軍によって集団レイプされ、ようやく90年代になって訴訟を起こしたものの棄却され、国家賠償を受けることもないままに亡くなったのです。徹頭徹尾日本国家に蹂躙されてきたその方が、亡くなる一年前に「償い金」を受け取ったことをもって、「心の安らぎ」を与えることができたというのでしょうか。たとえ貧しさや高齢の故に「償い金」を受け取る人が続出するとしても、かりに韓国を含むすべての地域の被害者が「償い金」を受けとったとしても、国家が明確で誤解の余地のない謝罪と補償を行わない限り、日本人たちは自らを慰めてはならない、私はそう考えます。

アジア女性基金の活動は、被害者救済のためではなく、まして、日本国家の責任を明らかにして新たな連帯の地平を切り開くためでもなく、日本人が自らの「良心」を慰めるためのものだったのではないのか。それは謙虚の衣をまとった自己中心主義ではないのか、その心性を克服することこそが、問われている課題ではないのか。そうでない限り、「もう金は払った」とか、「被害者の目当ては結局は金だ」とか、日本社会に遍在するそうした最悪の差別意識と闘うことはできません。

朴裕河現象

朴裕河教授の前著『和解のために』(日本版2006年刊)について私はすでに「和解という名の暴力」という文章で批判しています（拙著『植民地主義の暴力』高文研所収）ので、ここで詳しく繰り返すことはしません。ただ私を驚かせ、失望させたことは、同書の「日本語版あとがき」に、同書刊行に尽力してくれた人として和田先生の名を見たことでした。そのほかに、上野千鶴子、成田龍一、高崎宗司といった名が挙げられています。先生、これはほんとうでしょうか？

この本の記述は問題だらけですが、ここでは二か所だけ挙げてみましょう。

《戦後日本の歩みを考慮するなら、小泉首相が過去の植民地化と戦争について「懺悔」し「謝罪」する気持ちをもっていること自体は、信頼してもよいだろう。そのうえで「あのような戦争を二度と起こしてはならない」と言明しているのだから、戦争を「美化」していることにもならないはずである》

和田先生も、朴教授のこの認識を共有されるのですか？

《一九〇五年の条約（「乙巳条約」）が「不法」だとする主張（李泰鎮ほか）には、自国が過去に行ってしまったことに対する「責任」意識が欠如しているように、韓日協定の不誠実さを取り上げて再度協定の締結や賠償を要求することは、一方的であり、みずからに対して無責任なことになるだろう。日本の知識人がみずからに対して問うてきた程度の自己批判と責任意識をいまだかって韓国はもったことがなかった。》

この認識にも同意されますか？

私の信じるところでは、これらは和田先生の見解には合致しないはずです。なにしろ先生はかつて、日韓条約交渉の際の韓国人の反対運動に共鳴していた方なのですから。当時先生が共鳴した韓国の知識人たちは「自己批判と責任意識」をもったことのない人々ですか？　自分の学問的見解に反する書物の刊行に尽力するということは、学者としての良心に背くのではありませんか。それとも、良心に反してでも推薦したい特別な理由でもあったのでしょうか？

《日本の知識人がみずからに対して問うてきた程度の自己批判と責任意識をいまだかって韓国は

もったことがなかった》

これは嫌韓論そのものともいえる、驚くべき記述です。この記述に出遭ったとき、先生はそれを否定しようとは思われなかったのでしょうか。それとも（想像したくないことですが）、「そうだ、そのとおり」と満足されたのですか？

この記述は事実として誤っています。1970年代から日韓連帯運動を担い、韓国知識人とも親しく交流してこられた和田先生なら、そんなことはよくご存知のはずだと私は思っておりました。まして、アジア女性基金事業の中で韓国の知識人を相手に困難な対話を続けてきた先生が、一方でこのような認識に同意していたのならば、それは対話の拒絶、相手に対する愚弄を意味しないでしょうか？なによりも、私の心の中にある和田先生は、このような俗耳に甘い記述は一目しただけで厳しく拒絶するはずの方でした。それとも、あの「初心」をもはや棄ててしまわれたのですか？

朴教授の新著『帝国の慰安婦』が日本と韓国で騒動を巻き起こしています。この本についても、私はここで詳しく論じる気持ちになれません。多くの論者が指摘しているとおり、この本も論証が不正確かつ恣意的であり、論理の運びに一貫性がなく、批判したところで生産的な議論になるとは期待できないからです。

一例のみ挙げます。慰安婦と日本兵士が「同志的関係」にあったと朴教授は主張しますが、「同志的」という言葉をこのように使うことは明らかに間違っています。「同志」という言葉は自発的に志を共にするものの関係を指します。植民地支配そのものが朝鮮民族の「自発的こころざし」に反する支配でした。侵略戦争への動員もしかりです。その支配者側の男性である日本軍兵士と、被支配者側の中でも、貧しく、教育がなく、家父長制の差別を受けている女性という意味でもっとも下層に位置した慰安婦とが自発的に志を共にする対等な関係にあったというのは、よほど言葉の使い方を知らないか、植民地支配という現実への根本的無理解からくる暴言としか言えません。書くならせめて、当事者の中には「同志的関係」と思っていたケースもあったとでも書くべきですが、それも論証があってのうえでのことです。それに、かりにそんな例外的ケースがあったとしても全体的な差別構造を否定する論拠にはなりえません。徹頭徹尾自発性を踏みにじられる経験をした元慰安婦のみなさんが、このような記述に憤り、自己の人格権を侵害されたと感じたのは当然のことでしょう。

慰安婦制度に末端で加担した「業者」にはもちろん応分の加害性と責任があり、その真相究明と責任追及をしなければならないことも自明です。しかし、この点も、私自身を含めて多くの論者がすでに指摘して来たことであり、朴教授が今回初めて指摘したことではありません。

朴裕河教授は前著においても「植民地近代化論」への親和感を隠そうとしていませんが、今回はそのことをさらに明確にしました。もちろん、軍事政権時代にもそうであったように植民地時代にも、それなりに「いい目」を見た特権層は存在したし、そういう人々の視点から見ればあの時代もそれほど悪くはなかったのでしょう。だが、そういう人々には、「慰安婦」被害者であれ、強制連行・強制労働被害者であれ、政治弾圧被害者であれ、筆舌に尽くせぬ苦痛と屈辱を経験した被害者たちを代弁することはできません。

『帝国の慰安婦』には（しばしば互いに矛盾する）いろいろなことが書かれていますが、執拗に繰り返される核心的主張は、慰安婦連行の責任主体は「業者」であり「軍」ではない、「軍」の法的な責任は問えない、というものです。これは、日本と世界の多くの研究者によってすでに論破されて久しい主張なので、私がここで屋上屋を架すことはやめておきましょう。

この主張は、実際のところ、長年にわたる日本政府の主張と見事に一致しています。慰安婦問題が大きく社会化するきっかけは、１９９０年の国会で日本政府委員が、慰安婦は「民間業者が連れ歩いていた」と答弁し、被害者の憤激を買ったことでした。それ以後の多くの研究が日本政府のこの見解を論破しています。日本政府は「強制連行」という用語の概念を「官憲による直接的な連行」に狭めて解釈し、それを立証する文書資料がないという否定論の陣地に立てこもりながら、国家の責任をあいまいにしようとする主張を繰り返してきました。前述したように、安倍首相が「人身売買の犠牲者」という言葉を使うのも、「業者」に責任転嫁して国家責任を薄めようとする底意を表しています。

嘆かわしいことは、このような朴教授の著書が日本ではいくつかの賞を受賞し、人気を得ている現象です。「なぜ、こういうことが起こるのだろうか？」その理由について、私はかつて「和解という名の暴力」で、私なりの推論を述べました。「朴裕河の言説が日本のリベラル派の秘められた欲求にぴたりと合致するからであろう。／彼らは右派の露骨な国家主義には反対であり、自らを非合理的で狂信的な右派からは区別される理性的な民主主義者であると自任している。しかし、それと同時に、近代史の全過程を通じて北海道、沖縄、台湾、朝鮮、そして満州国と植民地支配を拡大することによって獲得された日本国民の国民的特権を脅かされることに不安を感じているのである。（中略）右派と一線を画す日本リベラル派の多数は理性的な民主主義者を自任する名誉感情と旧宗主国国民としての国民的特権のどちらも手放したくないのだ。」

朴教授の不可解なまでの情熱の源泉は、挺対協など韓国民主勢力とそれに連帯しようとする日本市民への敵愾心にあることが、今回の本では明白に表明されています。２０１２年挺対協シンポジウム資料集に北朝鮮からの「お祝いの言葉」が載っていることをとらえて、朴教授はこう述べます。「冷戦崩壊と、90年代後半から韓国で左派政権が10年間続いたことによって、慰安婦問題をめぐる韓国と北朝鮮の交流は深まっていった。それは、朝鮮人慰安婦問題が最初は〈植民地支配〉による朝鮮民族問題と認識した必然の結果でもあった。しかし、その後運動は、世界との連携の過程で問題を〈普遍的な女性人権問題〉として位置づけ、植民地支配問題としての捉え方を強調しないようになっていった。」「韓国の挺対協や日本の一部の人たちが北朝鮮と連携して、日本の「軍国主義」だけを批判してきたのは、運動が〈冷戦の思考〉に囚われていたためである。」

まず、慰安婦問題は植民地支配下で起きた戦争犯罪なので、〈植民地支配〉に起因する民族問題であることに間違いありません。しかし、そのことと〈普遍的な女性人権問題〉とは、互いに排除し合う対立的な範疇ではありません。慰安婦問題はこの2つの範疇が重なり合う領域の出来事といえます。いいかえれば、これは「民族解放」と「女性解放」という二重の課題です。〈女性人権問題〉と〈民族問題〉という2つの範疇は、その一方を否定するためにもう一方を用いてはならないのです。私自身を含む多くの論者が、すでに90年代半ばから、そのことを指摘してきました、拙稿「〈日本人としての責任〉をめぐって」『半難民の位置から』)。「挺対協や日本の一部の人たち」にその認識がないと朴教授がいうのは、こうした過去20年間の議論の蓄積を無視した根拠のない主張です。

「植民地支配」という南北共通の民族的経験、そして「普遍的な女性人権問題」という共通項、これらを基盤として、慰安婦問題という領域において南北に分断されていた者たちが出会う局面が生み出されたのです。90年代はじめ、日本と韓国の運動団体の努力の結果、北の慰安婦被害者が招かれて来日し、日本の東京で南の被害者と抱き合った場面を、感激をもって想起します。冷戦時代の凍りついた壁に小さな穴が開いて光が差し込んだ瞬間でした。それがのちの2000年国際女性戦犯法廷へと発展しました。被害者と運動団体が成し遂げた素晴らしい達成です。韓国の「左派政権」の10年間に南北の交流が進み、和解的雰囲気が生まれたことは、まさに脱冷戦的な出来事でした。そのことを「北朝鮮」と結びつけて非難することこそ、まさしく〈冷戦の思考〉に囚われたイデオロギー的攻撃というべきでしょう。

朴教授の著作そのものよりも深刻な問題は、それが日本でもてはやされている現象です。

この現象は3つのレベルでの反動が重なり合う場で起きたと私はみています。すなわち、韓国でいうと、民主化闘争の達成による金大中・盧武鉉政権時代への反動、とくにその過去事清算、親日派清算の動きに対する保守派と植民地近代化論の側からの反動です。前記した朴教授の言説は、この反動の典型的表現といえるでしょう。

日本では、90年代以降の長く続く右傾化。これは戦後民主主義（安倍首相のいう「戦後レジーム」）への大反動であり、これに、嫌韓論・反中論の蔓延といった排外主義の風潮が拍車をかけています。その中で動揺する人々、国家責任を徹底して突き詰めることは回避したいが、同時に自己を道徳的な高みに置いておきたい、そんな矛盾した望みをもつ「国民主義」の人々に、朴教授の言説が歓迎されています。

世界的な規模でいえば、反植民地主義の高揚に対する反動です。２００1年、南アフリカのダーバンで国連主催「人種主義、人種差別、排外主義、および関連する不寛容に反対する国際会議」が開かれました。この会議は、欧米諸国が行ってきた奴隷貿易、奴隷制、植民地支配に「人道に対する罪」という概念を適用する可能性を初めて公的に論じる場所でした。アパルトヘイト体制からの解放を勝ち取った南アフリカでこの会議が開かれたことそのものが希望を象徴する出来事でした。

しかし、会議は「法的責任」を否定する先進諸国（旧植民地宗主国）の頑強な抵抗に遭って難航し、アメリカとイスラエルは退席しました。奴隷制度と奴隷貿易に対する補償要求がカリブ海諸国とアフリカ諸国から提起されると、旧植民地宗主国側はこれに激しく反発し、かろうじて「道義的責任」は認めたものの、「法的責任」は断固として認めませんでした。その結果、ダーバン会議宣言には奴隷制度と奴隷貿易が「人道に対する罪」であることは明記されたが、これに対する「補償の義務」は盛り込まれませんでした。このように全世界的な反植民地主義の闘いは、90年代に大きく前進しましたが、旧植民地宗主国側からの反動によって停滞を強いられています。

このような3つのレベルにわたる反動の集約的表現として朴裕河現象が現れました。朴教授の著作は、一人の風変わりな人物による非論理的な主張であり、端的に言うと国家責任否定論の一形態にすぎません。しかし、笑って見過ごすにはあまりにも深刻な傷を被害者と運動体に与え、反動の波に乗る日本の歴史修正主義者と韓国の保守派を励ます機能を果たしています。

朴教授を称賛する日本と韓国の知識人たちに私は問うてみたい、この否定論を、あなたは支持するのですか、と。このきびしい反動の時代に、知識人たちに求められていることは、しっかりと覚醒して、誰と連帯し誰と闘うべきかを自らにきびしく問うてみることであるはずです。

「邪悪なる路」

和田先生、以上できる限り正直に、思うところを述べました。私の心の中には、あの暗黒時代に私たち朝鮮民衆の側に立ち、身をもって困難な連帯の可能性を示して下さった先生の記憶が生きています。私自身の肉親も含めて、苦難を嘗めた者たちからみれば、先生は恩人ともいえる存在です。それだけに、このような批判めいたことを書くと「恩知らず」と思われるのではないかと躊躇しましたが、そういう躊躇こそ失礼であろうと思い直しました。歴史学者としての先生は真理にのみ忠実であろうとされるはずです。市民運動家としての先生は、なによりも連帯の意義を自覚しておられるはずです。そうであれば、真理と連帯に照らして、私からのこの手紙も誠実に受け止めて下さると信じたいからです。

私は先生の論文「非暴力革命と抑圧民族」（『韓国民衆をみつめること』）によって目を開かれた者の一人です。日本で生まれ育った私は、無自覚のうちに、自民族の独立運動についての抑圧民族の側の無理解と偏見を内面化していましたが、先生のおかげでその過ちに気づくことができました。三一独立宣言は「勇明、果敢をもって旧き誤りを廓正し、真正なる理解と同情を基本とする友好的新局面を打開することが、彼我の間に禍を遠ざけ、祝福をもたらす捷径であることを明知すべき」と説き、朝鮮の独立をはかろうとするのは朝鮮人のためだけではなく、「日本に対しては、邪悪なる路より出でて、東洋の支持者たるの重責をまっとうさせる」ためである、と述べています。このことを私に教えてくれたのは、ほかならぬ和田先生の論文でした。

先生、朝鮮民族の苦闘はまだ続いています。今後も長く続くことを覚悟しなければならないでしょう。ところで日本はもはや「邪悪なる路」を脱け出たでしょうか？

先生が「わずかに開いた裂け目に身体を入れる思い」で、慰安婦問題解決のため尽力された、その個人的誠意は疑いを入れないものです。残念なことは、それが空転し、結果的に「連帯」を損ねたことなのです。先生のような方には、被害者救済のために個人としての熱意を注ぐ一方、国家に対してはもっとも原則的な批判の旗を掲げ続けていただきたい。その「原則」、いいかえれば「理想」を共有してこそ、「連帯」が可能となるからです。これは「万年野党」的な無責任を意味するものではありません。それこそが、「彼我の間に禍を遠ざけ、祝福をもたらす捷径」であるからです。

あの険難な70年代、暗黒の中に「連帯」の可能性がありました。それこそが、先生ご自身が述べられた「日本人が、この侵略と収奪の歴史を否定して、朝鮮半島の人々との新しい関係を創造していく」可能性であったと思います。銀座通りの人ごみに消えてゆく先生の背中に、私はその可能性を見ました。現在、その可能性はますます遠ざかって見えますが、どうか、あの「初心」に立ち返っていただきたいのです。

最後に、具体的なお願いを申します。

一、先生は「アジア女性基金」が失敗に終わったことを認めておられます。それならば、失敗の原因をたんに運動論の次元にとどまらず、思想の次元で深く掘り下げて考察していただきたいのです。そのことは、かつて竹内好『現代中国論』に触発された先生が、竹内の思想を受け継ぎ、発展させ、そこに潜在していた限界性をも超えて、日本人とアジア民衆の連帯へと進む思想的作業を意味するでしょう。

二、昨年12月28日の「合意」は、先生が事前に示しておられた「被害者が受け入れ、韓国国民が納得できる」という基準に逆行するものであることが明らかです。そうである以上、和田先生として、この「合意」は直ちに撤回されるべきである旨の意思を表明し、合意撤回のために闘っている韓日の市民の側に立つと明らかにして下さい。

三、朴裕河教授が自著で繰り返している見解は、和田先生から見ても同意しがたいものであるはずです。そうであるなら、それを明確に批判しないことは学問的誠実に反するでしょう。また、もし先生として朴教授の見解に同意されるのであれば、現在までのご自身の見解との齟齬について説明されるべきであると思います。朴教授の著作と言動について先生ご自身の見解を明示されることを求めたいと思います。

末筆ながら、先生のご健康をお祈り申します。

２０１６年３月１日　「三一独立運動」記念日に

※本稿の一部（約半分）は韓国の新聞「ハンギョレ」２０１６年３月12日付に掲載された。

「慰安婦」問題と学問の暴力
――植民地主義とヘイト・スピーチ

前田 朗

一 はじめに

本稿では、前章までの日韓合意批判と「朴裕河現象」批判を前提として、朴裕河『帝国の慰安婦』を持ち上げる日本メディアと一部知識人たちの議論を批判的に検討する。

朴裕河が韓国で名誉毀損容疑で起訴されるや、マスメディアは表現の自由や学問の自由を唱えてソウル地検非難の合唱を繰り広げた。さらに、2015年11月26日、日本やアメリカなどの54名の研究者・作家らがソウル地検を非難する抗議声明を出した（以下、本稿で「抗議声明」）。記者会見には小森陽一（東京大学教授）、上野千鶴子（東京大学名誉教授）、中沢けい（法政大学教授）、若宮啓文（元朝日新聞主筆）らが参席したという（朝日新聞2015年11月27日付）。

小森陽一や上野千鶴子らの抗議声明は事実誤認に基づいており、日本でヘイト・スピーチの理解がなぜ進まないのかを考えるための貴重な素材である。以下では抗議声明を批判的に読むことにしたい。なお、抗議声明に名を連ねた者には日本人以外の人物も含まれるが、ここでは日本人を対象として批判する。

二　虚偽の事実による名誉毀損

1　「虚偽の事実」について

抗議声明は「検察庁の起訴文は同書の韓国語版について『虚偽の事実』を記していると断じ、その具体例を列挙していますが、それは朴氏の意図を虚心に理解しようとせず、予断と誤解に基づいて下された判断だと考えざるを得ません」と断定する。

しかし、「虚偽の事実」であるか否かと、著者の「意図」とは関係がない。日本刑法の名誉毀損罪でも、「事実の摘示」と著者の意図とは次元の異なる概念である。著者の意図や故意がいかなるものであるかと、「事実の摘示」がなされたか否かとは、直接の関連がない。「故意」に「事実の摘示」をして「被害者の社会的評価」を下げれば「名誉毀損」が成立する。「真実性の証明」を抜きに、著者の「意図」を持ち出しても犯罪を正当化することはできない。

『帝国の慰安婦』における虚偽の記述、事実誤認については、すでに多くの指摘がある（本書第二部参照）。

『帝国の慰安婦』は重要な個所で事実認定する際に、日本人男性作家の小説を根拠にしている。朴裕河は「史料に基づいた」などと言うが、到底そうは言えない。日本人男性作家の記述から知ることができるのは「日本人男性作家が慰安婦についてどう考えたか」である。ところが、朴裕河は「日本人男性作家がこう述べているから、慰安婦はこのような存在であった」とか、「慰安婦はこのように考えていたかもしれない」という推論をする。まともな歴史学の方法ではない（前田朗「植民地解放闘争を矮小化する戦略」『社会評論』１８０号〔本書93頁以下〕参照）。

フェミニストと称する人物が朴裕河『帝国の慰安婦』を持ち上げているが、「性差別主義フェミニスト」に過ぎないことを露呈している。

2　被害について――名誉と人間の尊厳

抗議声明は「何よりも、この本によって元慰安婦の方々の名誉が傷ついたとは思え」ないと断定する。つまり被害を否定する。しかも、理由を何一つ示さない。長い声明の他の箇所でも被害について何も言及していない。

しかし本件は、「慰安婦」とされた被害女性たちが、名誉毀損の被害を受けたとして告訴したことに始まる。告訴を受けた検察が名誉毀損の嫌疑があると判断した。それにもかかわらず、抗議声明は、理由すら示さずに被害を否定する。

朴裕河の著述が被害者に対する名誉毀損であり、侮辱であることは、韓国内で以前から指摘されてきた。民事裁判でも名誉毀損が問われた。日本でも名誉毀損や侮辱の疑いはかねてから繰り返し指摘されてきた。２０１６年1月のソウル地裁民事判決も名誉毀損を認定した。

抗議声明は、被害女性たちに対して「被害を受けたかどうかは被害者が判断することではない。日本人知識人が判断することだ」と言っているに等しい。「そんなことは言っていない」という弁解は成立しない。「それしか言っていない」からである。自分たちが「慰安婦」問題の加害側の一員であることすら忘れた傲慢さである。

被害者による告訴・告発があり、一定の嫌疑があれば、起訴するのは自然なことである。もちろん「慰安婦」とされた女性たちが被害を感じても、日本刑法では保護法益は「被害感情」ではない。従って、法的に保護するべき被害があったのか否かを、裁判所が法律に従って判断するであろう。

次に重要なのは「被害とは何か」である。日本刑法における名誉毀損では、①「公然と」、②「事実を摘示」して、③「人の社会的評価を下げる」ことが名誉毀損とされる。「慰安婦」被害者を、人道に対する罪の被害者や性奴隷制の被害者ではなく、日本軍人と同志的関係にあったとか、売春婦であると非難することは、「人の社会的評価を下げる」ことに当たるであろう。

しかし、検討するべきことは社会的評価だけではない。本件で問われるべきは「人間の尊厳」である。「慰安婦」被害女性たちは20年以上にわたって「尊厳の回復」を求めて闘ってきた。

人間の尊厳は国際人権法の基本概念である。１９４５年の国連憲章前文は、第二次大戦における戦争の惨害に言及し、基本的人権と人間の尊厳を掲げた。１９４８年の世界人権宣言前文は「人類社会のすべての構成員の固有の尊厳」と表現した。同宣言第1条は「すべての人間は……尊厳と権利について平等である」とする。女性差別撤廃条約も拷問等禁止条約も子どもの権利条約も障害者権利条約も人間の尊厳を掲げる。

「慰安婦」問題では、1990年代に国連人権委員会などの人権機関で議論が行われ、人間の尊厳の回復が求められた。被害女性自身が一貫して「尊厳の回復」を訴えてきた。韓国の支援団体も、日本の多くの市民団体も「尊厳の回復」を唱えた。ところが、抗議声明は人間の尊厳について一切語らず、被害を否定する。

「慰安婦」問題についてあれほど饒舌に語りながら、人間の尊厳について一切語らないのは、いったいなぜなのか。彼女ら彼らには「慰安婦」問題のような歴史的重大人権侵害問題について発言する資格があるだろうか。

三　「学問の自由」「言論の自由」という暴力

抗議声明は「今回さらに大きな衝撃を受けたのは、検察庁という公権力が特定の歴史観をもとに学問や言論の自由を封圧する挙に出たからです。何を事実として認定し、いかに歴史を解釈するかは学問の自由にかかわる問題です。特定の個人を誹謗したり、暴力を扇動したりするようなものは別として、言論に対しては言論で対抗すべきであり、学問の場に公権力が踏み込むべきでないのは、近代民主主義の基本原理ではないでしょうか。なぜなら学問や言論の活発な展開こそ、健全な世論の形成に大事な材料を提供し、社会に滋養を与えるものだからです」と述べる。信じがたい暴論である。

1　学問の暴力

余りにも乱暴な主張であり、目を疑った。まず学問の自由とは何かを検討しよう。

第一に、虚偽の事実に基づいて名誉を毀損し、人間の尊厳を傷つける行為を学問の自由などと言って正当化することはできない。抗議声明は「近代民主主義の基本原理」などと言うが、人間の尊厳を貶める学問こそ「近代民主主義の基本原理」に反する。

第二に、抗議声明の主張が正しいのなら、ナチスの優生学も、かつての日本の植民学も学問の自由ということになる。「学問や言論の活発な展開こそ、健全な世論の形成に大事な材料を提供し、社会に滋養を与えるものだからです」などと言うが、核兵器の開発や、投下された核兵器の効果測定（医学等）といった学問が「社会に滋養を与える」のだろうか。

第三に、誰が誰に向かって「学問の自由を侵害するな」と唱えているのか。被害女性たちが告訴したから検察が動いたのである。被害女性たちは、植民地支配のために満足な教育を受けることができなかった。それどころか民族の言葉や文化を奪われていた。その上さらに「慰安婦」にさせられたのだ。彼女たちが苦難の人生を経て半世紀後に「私の尊厳を返せ」と必死の思いで立ち上がったのである。

その被害者に向けて、抗議声明は「学問の自由を侵害するな」などと言い放つ。そのほとんどが大学教授と著名な作家であり、日本社会において特権的エリートの地位を占める彼女ら彼らの学問の自由が、どれほど他人を傷つけるものであることか。これを暴力と言わずして、何と呼べばいいのだろう(なお、「学問の暴力」について、植木哲也『学問の暴力——アイヌ墓地はなぜあばかれたか』春風社、同『植民学の記憶——アイヌ差別と学問の責任』緑風出版、参照)。

2　言論の自由と責任

次に言論の自由と責任である。第一に、集団名誉毀損・集団侮辱の処罰は西欧では当たり前である。

(1) 虚偽の事実に基づいて「慰安婦」とされた女性たちの名誉を毀損し、人間の尊厳を傷つける行為を「言論の自由」などと言って正当化することはできない。

(2) 西欧諸国の刑法では、著書、論文、新聞記事、インターネット上の書き込み、公開演説など、いずれも名誉毀損罪が成立する。刑法の専門家でなくても、少し調べればわかることである。例えば、ヒトラーの『我が闘争』を出版することを犯罪とする国がある。フランスでは、ジャンマリ・ルペン元国民戦線党首の否定発言が刑事事件となり、娘のマリーヌ・ルペン現国民戦線党首のイスラム差別発言が物議を醸したことが、日本でも報道された。イタリアの政治家が選挙演説で「最近外国人が流入して増えて困る。地元の若者が就職できない」という趣旨の発言をして有罪判決が出ている。西欧では当たり前のことだ。

（3）抗議声明は「特定の個人を誹謗した」場合は別として刑事規制できないのは「近代民主主義の基本原理」だと言う。

しかし、西欧諸国では、「特定の個人」だけでなく「集団」に対する名誉毀損罪を認めるのが一般的である。例えば、ドイツ刑法の条文は日本と同様に「人」に対する侮辱としているが、人には一定の集団が含まれると解釈される（集団侮辱罪）。日本刑法の「人」も集団と解釈することができるのに、たまたま個人と解釈されてきたに過ぎない。「特定の個人を誹謗した」場合以外は刑事訴追できないという特殊日本的な理解を「近代民主主義の基本原理」などと見ることができるだろうか。

第二に、ヘイト・スピーチ（差別煽動犯罪）処罰は欧州諸国の常識である。集団名誉毀損・集団侮辱の処罰とともに、差別や暴力の煽動を処罰するのがヘイト・スピーチ処罰規定である。圧倒的多数の諸国の刑法典にヘイト・スピーチ処罰規定があり、殺人、放火、窃盗などと同じ基本的犯罪とされている。

個人を特定せず、集団に対して行ってもヘイト・スピーチである。暴力を煽動しなくても、差別を煽動すればヘイト・スピーチである。国際自由権規約も人種差別撤廃条約もヘイト・スピーチの処罰を求めている。EU議会はすべての加盟国にヘイト・スピーチ処罰を要請した。個人を特定せず、暴力を煽動しなくても、ヘイト・スピーチを処罰する例はドイツ、フランス、スイス、オーストリア、ルクセンブルク、ベルギー、オランダ、リヒテンシュタイン、スペイン、ポルトガル、イタリア、アイルランド、ノルウェー、スウェーデン、フィンランド、デンマーク、アイスランドなどに見られる。東中欧諸国にも多数の例がある。ヘイト・スピーチ処罰法は世界120ヶ国以上にある（前田朗『ヘイト・スピーチ法研究序説』三一書房）。具体的な処罰事例も同書に多数紹介した。

小森陽一や上野千鶴子らの抗議声明は、「特定の個人を誹謗したり、暴力を扇動したりするようなものは別として」処罰しないのが「近代民主主義の基本原理」だなどと言う。あからさまな嘘を並べて人を騙す卑劣な行為をやめるべきである。

第三に、「アウシュヴィッツの嘘」を処罰する刑法がある。「ホロコースト否定」犯罪とも呼ばれるが、ドイツでは、公然と「アウシュヴィッツのガス室はなかった」とか、「ユダヤ人迫害は良かった」とか、「ユダヤ人虐殺はごく少数に過ぎない」といった発言をすれば犯罪とされる（詳しくは本章第五節以下参照）。『帝国の慰安婦』を読むためには「アウシュヴィッツの嘘」についての正しい認識が必要である。

第四に、抗議声明は言論の自由だけを唱え、言論の責任について何も述べない。すべての市民が言論の自由と責任を有するが、とりわけ学者や著名な作家には言論の責任が問われるべきである。ところが全く逆に、抗議声明は言論の責任を無視する。

（1）西欧諸国では言論の責任が自覚され、刑事裁判でも民事裁判でも長期にわたって議論がなされてきた。

（2）国際人権法では言論の責任が明示されている。国際自由権規約（市民的政治的権利に関する国際規約）第19条2項は表現の自由の保障を明記し、3項は「2の権利の行使には、特別の義務及び責任を伴う。したがって、この権利の行使については、一定の制限を課すことができる。ただし、その制限は、法律によって定められ、かつ、次の目的のために必要とされるものに限る。(a) 他の者の権利又は信用の尊重、(b) 国の安全、公の秩序又は公衆の健康若しくは道徳の保護」とする。

（3）日本国憲法第21条は言論・表現の自由の保障を明記し、日本国憲法第12条は「この憲法が国民に保障する自由及び権利は、国民の不断の努力によつて、これを保持しなければならない。又、国民は、これを濫用してはならないのであつて、常に公共の福祉のためにこれを利用する責任を負ふ」とする。日本国憲法ははっきりと言論・表現の自由の制約原理を示している。それが言論・表現の責任というものである。にもかかわらず、抗議声明は言論の責任にまったく無自覚である。

四　植民地解放闘争とヘイト・スピーチ

小森陽一や上野千鶴子らの抗議声明を読むことで、日本社会がヘイト・スピーチについておよそ理解しない理由が見えてくる。一部の排外主義者は別として、多くの憲法学者やジャーナリストがヘイト・スピーチを論じる姿勢は、あたかも自分が中立的であるとか、学問的であるといった錯覚に陥っているためである。

日本におけるヘイト・スピーチにはさまざまな理由、原因があるが、在日朝鮮人や中国人に対するヘイト・スピーチについて言えば、歴史的に形成された植民地主義と差別意識が底流にある。ところが、ヘイト・スピーチ論議ではこのことが抜け落ちてしまうのだ。
抗議声明は、「慰安婦」問題について議論しているにもかかわらず、日本の朝鮮植民地支配や中国侵略への意識がまったく希薄である。歴史を知らないわけではないだろうし、植民地支配を正当化しているわけでもない。彼女ら彼らは植民地支配を批判するはずである。それにもかかわらず、議論の仕方は、彼女ら彼らが植民地主義から自由になれないことを浮き彫りにしている。「内なる植民地主義」という比喩があるが、彼女ら彼らはまさに「内なる植民地主義に向き合うことなく、自らの植民地主義を克服し得ていない」。もう一度確認しよう。

第一に、抗議声明は、「慰安婦」被害を受けたハルモニたちの被害を否定する。つまり、ハルモニたちの主体性を否定する。

第二に、抗議声明は、植民地時代に奪われた人間の尊厳の回復を求めるハルモニたちに対して、植民地支配をした側の特権的エリートの「学問の自由」「言論の自由」の優位を主張する。

第三に、抗議声明は、近代民主主義の身柄不拘束の原則を尊重しない日本刑事司法を批判せずに、身柄不拘束の原則にかなった手続きをとった韓国検察を非難する。抗議声明は、ソウル地検が朴裕河を逮捕することなく、在宅で手続きを進めたことに沈黙する。日本ならばどうかと問うことさえしない。しかも、ソウル検察は朴裕河に「刑事和解」のチャンスを与えたのに、朴裕河が拒否したために、訴追に至ったのである。抗議声明は、これらの重要事実を隠ぺいする。

繰り返すが、彼女ら彼らを植民地主義者であるとか、人種主義者であるなどと言うつもりはない。

理論的には植民地主義や人種主義を批判したつもりになっている彼女ら彼らが、実のところ植民地主義から自由になれずにいるのだ。

「慰安婦」問題は１９９０年代以来４半世紀にわたって国際人権フォーラムで議論された。そこで明らかになったことは、「慰安婦」問題の解決を求める闘いは世界的な植民地解放闘争の重要な一部であり、女性解放闘争の重要な一部である、ということである。

国連人権委員会等の国連人権機関で、奴隷制、性奴隷制、人道に対する罪、女性に対する暴力などのテーマの下に議論が行われ、この問題が植民地解放闘争と女性解放闘争の一部であることが明らかになった。

２００１年８～９月に南アフリカのダーバンで開催された人種差別に反対する世界会議でも「慰安婦」問題をめぐる議論がなされた。ダーバン会議の成果文書であるダーバン宣言は、「植民地時代における奴隷制は人道に対する罪であった」と、国連史上初めて認めた。アフリカ諸国、カリブ諸国を先頭に植民地解放闘争と女性解放闘争がもっとも盛り上がったのがダーバンであった。

もう一つ注意喚起しなければならないことは、１９９０年代前半に国連国際法委員会において「植民地支配犯罪」をめぐる議論がなされたことである。後の国際刑事裁判所規程に結び付いた議論の中で、侵略の罪、ジェノサイド、人道に対する罪、戦争犯罪と並んで、植民地支配犯罪を国際法上の犯罪と規定する提案がなされた。結局、植民地支配犯罪規定は削除されたが、ダーバン会議では同じことを人道に対する罪の解釈として議論することになったのだ。

こうした国際舞台の議論に「慰安婦」被害を受けたハルモニたちも加わった。ハルモニたちの闘い、そして韓国挺身隊問題対策協議会の闘いが、幅広い国際的な支持を得ることができたのである。ところが、朴裕河『帝国の慰安婦』は、国際的な植民地解放闘争を貶める。そして、『帝国の慰安婦』を擁護する小森や上野の抗議声明は次々と虚偽を並べて、まさに植民地解放闘争への冷淡さを露呈する。自らの植民地主義に向き合うことなく、自分が属する国家と民族がかつて植民地支配を行った相手に対して根拠のない中傷を投げつけることで、彼女ら彼らは、世界の植民地解放闘争に背を向けたのである。

日本におけるヘイト・スピーチの被害者は一様ではないし、ヘイトの内容も様々であるが、最大の被害者が在日朝鮮人であることは言うまでもない。在日朝鮮人の人権獲得の闘いは、いまなお植民地解放闘争の一環なのだ。

日本人が日本社会からヘイト・スピーチを根絶させようとするのなら、日本社会の植民地主義を克服しなければならない。このことが植民地支配責任をとったことのない日本社会における最大の課題であり続けている。

五　「アウシュヴィッツの嘘」とは何か

周知のごとく、ドイツやフランスには「アウシュヴィッツの嘘」を処罰する刑罰規定がある。公然と「ユダヤ人虐殺はなかった」、「アウシュヴィッツのガス室はなかった」といった類の発言をすると、犯罪となる。

ドイツやフランスの例は日本でも何度も報道されてきたから、本件に関心を持つ者ならば知らないはずのないことである。にもかかわらず、抗議声明はこれらの事実を無視する。

ドイツやフランスのみならず、西欧諸国で「アウシュヴィッツの嘘」が犯罪とされていることが日本で十分知られているとは言い難い。それどころか、ヘイト・スピーチをめぐって、憲法学者が「ヘイト・スピーチは表現の自由だ」と唱えるように、他者の名誉や尊厳を否定し、傷つける表現行為を「表現の自由」であると強弁する異常な例が後を絶たない。抗議声明は、こうした無知と無責任の上に胡坐をかいている。

そこで本節では、「アウシュヴィッツの嘘」処罰規定に関する基礎情報を紹介し、日本での議論の手掛かりとしたい。

1　ドイツ

ドイツ刑法には民衆煽動罪と呼ばれる犯罪類型があり、「アウシュヴィッツの嘘」犯罪とも呼ばれる（詳しくは、櫻庭総『ドイツにおける民衆扇動罪と過去の克服』福村出版、２０１２年）。

「アウシュヴィッツの嘘」規定には歴史的変遷が見られ、その罪質（いかなる犯罪として理解するか）

についても議論がなされているが、「民衆煽動罪」という呼び名からもわかる通り、差別や暴力を煽るヘイト・スピーチの一環として位置付けられている。

ナチス・ドイツによるユダヤ人迫害の歴史は、ユダヤ人の絶滅を狙った大規模で系統的な人道に対する罪であった。この受難の歴史が現在を生きるユダヤ人の歴史的アイデンティティとなっている。それゆえ、歴史の事実を否定する発言は、ユダヤ人のアイデンティティに対する攻撃となる。「アウシュヴィッツの嘘」は、ドイツの歴史的社会に分断を持ち込み、公共の平穏を害する上、ユダヤ人の人間の尊厳を侵害する。それゆえ、「アウシュヴィッツの嘘」は犯罪とされる。

しかし、「アウシュヴィッツの嘘」犯罪はドイツだけの特殊例ではない。以下で見るように、西欧では一般化しつつある。

2　フランス

フランスでは、2004年の法律によって、1881年の法律に第65―3条が挿入された。「人道に対する罪に疑いを挟む」というタイトル（「アウシュヴィッツの嘘」を含む規定）であり、差別、憎悪又は人種主義、又は宗教的暴力の教唆、人道に対する罪に疑いを挟むこと、人種主義的性質の中傷、及び人種主義的性質の侮辱は、他のプレス犯罪に設けられている時効3ヶ月に代えて、1年の時効とするというものである。時効はインターネットその他いかなるメディアによるものであれ、犯罪が行われた時から開始するとされた。

3　スイス

スイス連邦最高裁は、ナチス・ドイツが人間殲滅にガス室を使用したことに疑いを挟むことは、ホロコーストの重大な過小評価であると判断した。１９９８年にアールガウ地裁が下した有罪判決を維持し、歴史修正主義者に15ヶ月の刑事施設収容と８０００フランの罰金が確定した。また、アルメニア・ジェノサイドの事実を否定した事案で、最高裁は当該犯罪は公共秩序犯罪であるとした。それゆえ個人の法的権利は間接的に保護されるに過ぎない。個人被害者がそこにいなくても、犯罪が成立する。刑罰は15ヶ月の刑事施設収容と８０００フランの罰金である。

4　スペイン

２００７年11月7日、憲法裁判所は刑法第６０７条2項の合憲性について判断した。書店店主が、ユダヤ人コミュニティに対する迫害とジェノサイドを繰り返し否定するドキュメンタリー・写真出版物を販売・頒布した事案で、２０００年のバルセロナ高等裁判所判決は、刑法第６０７条2項を適用して、ジェノサイド犯罪を否定・正当化した観念を流布したことで書店主を有罪としたが、同条項の違憲性問題が提起されたため、憲法裁判所に持ち込まれた。憲法裁判所は、ジェノサイドの否定は意見や観念の単なる伝達であれば、その観念が忌わしく人間の尊厳に反するものであっても、犯罪に分類されることはないとした。従って、憲法裁判所は刑法第６０７条2項第1文の「否定」条項は違憲であるとした。しかし、憲法裁判所は「正当化」とは犯罪実行を間接的に煽動し、皮膚の色、人種、国民的民族的出身によって定義される集団の憎悪を誘発する観念の公然たる流布であり、ジェノサイドの「正当化」はまさに犯罪であるとし、「正当化」条項は合憲であると判断した。

5　ポルトガル

２００７年に改正された刑法第２４０条「人種、宗教又は性的差別」1項はヘイト・スピーチ処罰規定であり、2項は「公開集会、文書配布により、その他の形態のメディア・コミュニケーションにより、又は公開されるべく設定されたコンピュータ・システム」によるヘイト・スピーチ規定であり、「(b)人種、民族的又は国民的出身、宗教、性別又は性的指向に基づいて、特に戦争犯罪又は平和に対する罪及び人道に対する罪の否定を通じて、人又は集団を中傷又は侮辱した者」を6月以上5年以下の刑事施設収容とする。

6　スロヴァキア

刑法第１２２条第2項によると、ヘイト・スピーチは、書面による場合も、印刷物、フィルム、ラジオ、テレビ、コンピュータ・ネットワークその他同様の効果を有する手段による場合も、その流布によって、又は同時に2人以上の人の前で行われた場合に既遂となる。ネオナチその他の運動への共感を公然と表明することだけではなく、ホロコーストを疑問視、否定、容認又は正当化することも犯罪化している。

7　マケドニア

刑法第４０７(a)条「ジェノサイド、人道に対する罪、戦争犯罪の容認又は正当化」は、刑法第４０３条〜第４０７条に規定された犯罪を、情報システムを通じて、公然と否定、ひどく矮小化、容認又は正当化した者は1年以上5年以下の刑事施設収容とされる。否定、矮小化、容認、正当化が、その国民、民族、人種的出身又は宗教ゆえに、人又は人の集団に対して憎悪、差別又は暴力を煽動する意図をもってなされた場合は、４年以上の刑事施設収容とされる。

8　ルーマニア

ファシスト・シンボル法第六条によると、いかなる手段であれ、公の場で、ホロコースト、ジェノサイド、人道に対する罪、又はその帰結を、疑問視し、否定し、是認し又は正当化することは、6月以上5年以下の刑事施設収容及び一定の権利停止又は罰金を課される。さらに、２００６年法律１０７号は、１９３３〜45年の時期のホロコーストの定義にロマ住民を含むことにした。それゆえホロコーストとは、国家によって支持された組織的迫害、ナチス・ドイツとその同盟者及び協力者によるヨーロッパ・ユダヤ人の絶滅である。第二次大戦時に国内に居住するロマ住民の一部が強制移動や絶滅の対象とされたことも含まれる。

9 アルバニア

2008年に改正された刑法第74条は、ジェノサイドや人道に対する罪に好意的な文書をコンピュータ上で配布し、ジェノサイドや人道に対する罪にあたる行為（事実）を否定し、矮小化し、承認し又は正当化する文書をコンピュータ・システムを用いて、公に提供し、又は配布した者は、3年以上6年以下の刑事施設収容とする。

10 イスラエル

刑法第144条Aは人種主義を煽動する意図を持った出版を行った者を5年以下の刑事施設収容としている。刑法第144条A～Eは人種主義を煽動する意図を持った出版や物の配布を、それが結果をもたらさなかった場合も、禁止している。刑法第144条D1項は、人種主義的動機なしに、人、人の自由や財産に対して犯罪を行った者を処罰するとしている。それには脅迫、強要、フーリガニズム、公共秩序犯などが含まれる。「アウシュヴィツの嘘」にはこの規定で対処している。「アウシュヴィツの嘘」の特別の定めがあるわけではなく、暴力の煽動と人種主義の煽動を定めた規定の解釈として「アウシュヴィツの嘘」処罰が可能と考えられている。「アウシュヴィツの嘘」が通常のヘイト・スピーチ処罰規定に含まれるということである。

六　なぜ「アウシュヴィッツの嘘」は犯罪とされるのか

「アウシュヴィッツの嘘」を犯罪とするのはドイツだけではなく、フランス、スイス、スペイン、ポルトガルなど多くの諸国に共通である。その根拠はどのように説明されているだろうか。スイスでは、アルメニア・ジェノサイド否定事案について、最高裁が、当該犯罪は公共秩序犯罪であるとした。スペインでは、人間の尊厳に反するか否かが問われ、単なる伝達は人間の尊厳に反するとしても犯罪とはならないと、犯罪成立範囲を限定している。

他方、ドイツに関して、櫻庭総による周到な研究がある（前掲書）。櫻庭によると、民衆扇動罪の保護法益について、ドイツでは2つの見解が唱えられている。

第一は保護法益を「公共の平穏」と理解する。理由は、刑法第１３０条の位置が刑法典各則第7章「公共の秩序に対する罪」の中に置かれているからである。

第二は保護法益を「人間の尊厳」とする見解である。民衆扇動罪は第一義的に人間の尊厳を保護するものであり、公共の平穏は間接的に保護されると見ることになる。

実際には多くの論者が、人間の尊厳と公共の平穏の両方を保護するものと見ているようだが、どちらを優先して理解するかでさまざまに見解が分かれている。櫻庭は人道に対する罪に着目する。

「民衆扇動罪における『人間の尊厳への攻撃』に『過去の克服』を読み込む別の方法としては、それをナチス犯罪の典型である『人道に対する罪』の延長上に位置づけることも考えられよう。つまり『人間の尊厳への攻撃』概念における『共同体における同等の人格としての生存権を否定され、価値の低い存在として扱われる』という部分に着目し、民衆扇動罪をナチス犯罪である『人道に対する罪』の第一段階を防止する規定として理解するのである。」（櫻庭・前掲書１７１頁）

七 「慰安婦の嘘」に対処する責任

「アウシュヴィッツの嘘」処罰は、人道に対する罪という歴史的重大犯罪の経験をもとに欧州各国の刑法に導入された。

被害側に着目すれば、ユダヤ人迫害の歴史がユダヤ人のアイデンティティとなっており、歴史の事実を否定することがユダヤ人の人間の尊厳に対する侵害となる。

加害側に着目すれば、かつて人道に対する犯罪という歴史的重大犯罪を行ってしまったドイツ社会において、二度とこのような犯罪を繰り返さないために、人道に対する罪の第一段階を防止することが必要である。

翻って日本はどうであろうか。日本政府は、サンフランシスコ講和条約により東京裁判判決を受け入れ、アジア各国との間に不十分ながら和解の手立てを講じてきた。

しかし、安倍晋三首相をはじめとする政治家は、歴史の事実を否定し、改竄し、責任逃れを図ってきた。「アウシュヴィッツの嘘」に相当するような、「慰安婦の嘘」や「南京大虐殺の嘘」が声高に叫ばれている。インターネット上でもマスメディアでも、「表現の自由」の名のもとに、歴史の事実を否定・改竄し、被害者を再び侮辱し、尊厳の回復を妨げている。

右翼政治家やヘイト団体だけではなく、一部の知識人たちがこれに加わっている。小森陽一や上野千鶴子らの抗議声明は、「表現の自由」や「学問の自由」を唱えることによって、被害者が人間の尊厳の回復を求めることを真っ向から否定する。近代民主主義の基本原理を捏造し、改ざんする。

ナチス・ドイツによるユダヤ人迫害は、人道に対する罪としての殺人、及び人道に対する罪としての迫害にあたる歴史的重大犯罪であった。

日本軍「慰安婦」問題は、人道に対する罪としての奴隷制、及び人道に対する罪としての性奴隷制にあたる歴史的重大犯罪であった。

ユダヤ人迫害が欧州全域で大規模に行われたように、日本軍の慰安婦政策はアジア太平洋の広大な地域で行われた。被害は朝鮮半島だけでなく、中国、台湾、フィリピン、インドネシア、東ティモール、ニューギニア等で発生し、オランダ人女性も被害者に含まれる。

戦時性暴力の苦痛を耐えた被害女性たちは半世紀の沈黙を乗り越えて、被害をカムアウトし、人間の尊厳の回復を求める主体として立ち上がった。

表現の自由や学問の自由の担い手に求められるのは、被害女性たちの告発に応えて、歴史の事実を解明し、その原因や背景を明るみにだし、責任の所在を確定することである。

人間の尊厳の回復を求める被害女性を侮辱したり、被害回復を妨害するために虚偽を並べ立てることを、表現の自由や学問の自由を口実にして正当化してはならない。

学問を装った「慰安婦の嘘」を厳しくチェックすることがメディアと学問の任務であり、責任である。

あとがき

歴史修正主義が猛威をふるっている。

権力を使って常軌を逸した歴史の改ざんを押し付ける。第一次安倍政権時もそうだったが、まだ国際世論に配慮せざるを得なかった。安倍首相がブッシュ大統領に謝罪するという奇奇怪怪の珍事はそのためであった。

第二次安倍政権になると、過去の教訓に学んだのか、より強引に、しかもより巧妙に事が進められた。河野談話の見直し、朝日新聞記事訂正事件、意図的に作り出された「朴裕河現象」、戦後70年安倍談話、朴裕河訴追事態、そして12・28日韓合意という一連の流れは、その全部があらかじめ用意されたというわけではないだろうが、見事に交響しあって歴史の改ざんを既成事実としてしまったように見える。

本書では、このうち日韓合意、「朴裕河現象」、朝日新聞記事訂正事件に絞って、問題点を摘出する作業を行った。一連の流れ全体をカバーすることはできないし、その歴史的背景や世界史的意味を問い直すこともできていない。

世界史的意味などというと大袈裟と思う向きもあるかもしれないので、ここでは、世界史的意味の世界史的意味たるゆえんを少しだけ整理しておきたい。

第一に、「慰安婦」=日本軍性奴隷制問題は、20世紀前半、第一次大戦から第二次大戦にかけての総力戦体制の時期に世界的規模で生じた重大人権侵害の最悪の形態であるが、それ以前から帝国の軍隊が植民地支配の過程で生み出した軍隊による性と生の管理という点では、より深い根を有する出来事である。ここでは他国に対する侵略／征服／植民地化と、女性に対する侵略／征服／植民地化が二重に敢行される。

第二に、それゆえ、ニュルンベルク裁判や極東軍事裁判（東京裁判）において、「慰安婦」＝日本軍性奴隷制問題は基本的に裁かれずに隠ぺいされた。一部の性暴力が裁かれているが、それは帝国が他の帝国に対してふるった性暴力であって、植民地人民女性への性暴力は等閑に付された。つまり、20世紀後半に至るまで、女性に対する植民地化は支配する帝国にとっては暗黙の（時に明示的ですらあった）共通了解として受容されていた。一般国民にとっても、被害女性にとってさえも、語ることのできない秘密であった。ナミビアでもアルジェリアでも、語られざる悲劇が再演されていた。

第三に、東西対立＝冷戦構造が崩壊した１９８９年は、「慰安婦」＝日本軍性奴隷制にとっても画期となったと言えよう。冷戦の国際緊張による抑止がふり払われ、世界各地で歴史の重荷が片を付けられたと思われたその時に、カムアウト、記憶の表出、責任の追及が始まった。「慰安婦」問題でも、１９９１年の金学順《キムハクスン》さんのカムアウトが歴史を変えた。１９９０年代、世界的に奴隷制の問い直し、植民地支配の徹底批判、人種主義の解剖が強力に推し進められた。

ただし、歴史の奔流が本流になると思われたのは、残念ながら錯覚だったのかもしれない。１９９０年代に解き放たれた歴史／記憶／責任の思想は、２００１年のダーバン人種差別反対世界会議を最後に、見事に堰き止められてしまった。逆流はさらに激しかった。９・11以後に「テロとの戦争」が始まり、21世紀の植民地主義／人種主義／性差別主義は、90年代に築き上げられた堤防をことごとく破壊していった。記憶を押し流し、人権を引き下げ、紛争と内戦と空爆と難民の時代がデザインされる。過去の反省は放擲される。平和や自由や人権というカテゴリーは封印され、あるいは換骨奪胎される。戦争熱に浮かれた安倍の「積極的平和主義」。

つまり、歴史修正主義が猛威をふるっているというのは、「慰安婦」＝日本軍性奴隷制に関する日本政府の無責任ぶりや開き直りのことだけを意味しているのではない。

歴史修正主義は、アメリカでも、欧州でも、アフリカでも、それぞれの地域の歴史と文化に忍び込み、潜入し、触手を伸ばしていく。グローバルな歴史修正主義の時代が始まったのだ。日本政府はこれに便乗し、時に棹さし、時に監督兼主演俳優として、「国益」追求に勤しんでいる。そこにはいくつもの禁句を用意し、暗幕を張りめぐらせ、沈黙と共謀の歴史を密やかに編みこんでいる。強制連行、性奴隷、法的責任、謝罪、賠償は禁句となり、暗幕の手前で外務大臣の握手という茶番劇が演じられる。私たちは「慰安婦」問題の隠ぺいを安倍晋三という個性に見てきたきらいがあるが、より慎重に見ておかなくてはならないのは、現代世界のグローバルな歴史修正主義なのだ。イラクやシリアで起きていることも、マリや中央アフリカで起きていることも、ウクライナとロシアで起きていることも、植民地主義の撤退か、再興かという問題である。

本書の分析はそこまで射程を延ばしていないが、それでも随所に世界の震撼が顔を覗かせているはずだ。

本書の編集は２０１５年12月初旬に始めたが、月末には日韓合意が発表され、右往左往することを余儀なくされた。このため途中で編集方針の見直しをすることとなり、当初予定していた論考の掲載を断念したり、予定外の論考を最終段階になって追加したり、かなりの蛇行を繰り返した。いちいちお名前を挙げることはしないが、様々に協力をいただきながら論考の収録を果たせなかった例も多々ある。ご協力いただいたみなさんに、お詫び申し上げるとともに、厚く感謝したい。

「慰安婦」問題の本を、いま、三一書房から出版することには、関係者それぞれに特別な（あるいは複雑な）「思い」がある。この点は執筆者の間に共通認識が固まっているわけではない。しかし、朝日新聞記事訂正事件が極めて政治的に、かつ極めて拙速になされた「失態」に目を覆って沈黙しているべきではないだろう。その責任は取り返しのつかないものと言うべきだ。「あとがき」のさらに後に「編集部の見解」を掲載するのは、こうした理由からである。

２０１５年3月1日

国連人権理事会開催中のジュネーヴにて

前田　朗

◎執筆者プロフィール（掲載順）

鈴木裕子（すずき・ゆうこ）
１９４９年、東京生まれ。大学教員を経て早稲田大学ジェンダー研究所招聘研究員。専門：日本近現代女性史、日本社会運動史、日韓近現代女性史。
主な著書に『フェミニズムと戦争』（マルジュ社）、『従軍慰安婦・内鮮結婚』（未来社）、『フェミニズムと朝鮮』（明石書店）、『戦争責任とジェンダー』（未来社）、編著書に『日本女性運動資料集成』（不二出版）、『山川菊栄集 評論篇』（岩波書店）など。

金優綺（キム・ウギ）
在日本朝鮮人人権協会事務局員、朝鮮大学校外国語学部非常勤講師。在日朝鮮人ジェンダー史研究。
主な論文・論考に「北海道における朝鮮人強制連行・強制労働と企業「慰安所」」（『大原社会問題研究所雑誌』687）、「日本軍「慰安婦」問題と国家責任否定論」（『人権と生活』35）、"Discrimination against Korean school children in Japan today" John Menadue Web Site "Pearls and Irritations"「재일조선인 페미니즘을 향하여 : 재일조선인 여성들의 사회운동 기록」（『일본비평』14）など。

許仁碩（シュ・ジェンシュオ）
台北生まれ。漢民族。台湾人権促進会法務主任、ＮＰＯ法人東アジア市民ネットワーク台北事務局長。元国立台湾大学院生会副会長、元国立台湾大学労働組合研究訓練部部長。
修士論文「台湾『デモへのポリシング』に関する法システムへの考察と再考」（慈林教育ファウンデーション慈河奨学金、台湾教授協会２０１５年台湾研究優秀学位論文賞、新台湾平和ファウンデーション第２回台湾研究学位論文賞受賞）

キャロライン・ノーマ
国立メルボルン工科大学（RMIT）グローバル・アーバン・社会研究校講師。
著書に、The Japanese comfort women and sexual slavery during the China and Pacific wars (Bloomsbury, 2016)

早尾貴紀（はやお・たかのり）
１９７３年、福島県郡山市生まれ。東京経済大学教員。
主な著書に『国ってなんだろう?』（平凡社）、『ユダヤとイスラエルのあいだ』（青土社）。共編著に『ディアスポラから世界を読む』（明石書店）、『シオニズムの解剖』（人文書院）、共訳書にイラン・パペ『パレスチナの民族浄化』(法制大学出版局＝近刊)、サラ・ロイ『ホロコーストからガザへ』(青土社)など。

李在承(イ・ジェスン)
韓国・建国大学校法学専門大学院教授。専門分野は法哲学、法思想史、人権法、国際犯罪学。
主な著書に『国家犯罪：韓国現代史を貫通する国家犯罪とその法的清算の記録』(エルピ)、『良心的兵役拒否と代替服務制』(共著、景仁文化社)、『法思想史』(共著、放送大出版部)、『トラウマから読む大韓民国：韓国戦争から雙龍自動車まで』(共著、歴史批評者)。翻訳書に『主体の覚醒』(Roberto Mangabeira Unger、エルピ)、『罪の問題：ドイツ人の政治的責任』(Karl Jaspers、エルピ)がある。

金富子(キム・プジャ)
東京外国語大学大学院教授。ジェンダー論・ジェンダー史。植民地朝鮮教育史。VAWW RAC共同代表、日本軍「慰安婦」問題webサイト制作委員会(Fight for Justice)運営委員。
主な著書に『植民地期朝鮮の教育とジェンダー』(世織書房)、『継続する植民地主義とジェンダー』(同)、共編著にFight for Justiceブックレット3『朝鮮人「慰安婦」と植民地支配責任』(御茶の水書房)、同ムック『〈平和の少女像〉はなぜ座り続けるのか』(世織書房)、共著に『遊廓社会2』(吉川弘文館)など。

能川元一(のがわ・もとかず)
東京生まれ。大学非常勤講師(哲学)。
著書、論文に『憎悪の広告　右派系オピニオン誌「愛国」「嫌中・嫌韓」の系譜』(早川タダノリとの共著、合同出版)、「右派のイデオロギーにおけるネット右翼の位置づけ―道徳概念システム論による分析の試み」(駒井洋監修・小林真生編著、『レイシズムと外国人嫌悪』、明石書店)など。

李娜榮(イ・ナヨン)
中央大学校社会学科教授。専門分野は、フェミニズム理論、ナショナリズム、ポストコロニアリズム理論、セクシュアリティと権力。
主な共著書に『女性主義歴史記述：口述史研究方法(여성주의 역사쓰기：구술사 연구방법)』(アルケ)、『もう一度見るメディアとジェンダー(다시 보는 미디어와 젠더)』(梨花女子大学校出版部)、『ジェンダーと社会：15の視線から読む女性と男性(젠더와 사회：15개의 시선으로 읽는 여성과 남성)』(トンニョッ)。

邦訳論文に「日本軍『慰安婦』と米軍基地村の『洋公主』：植民地の遺産と脱植民地の現在性」（『立命館言語文化研究』第23巻2号）がある。

古橋綾（ふるはし・あや）―李在承氏、李娜榮氏の翻訳を担当
　中央大学校社会学科博士課程。専門分野は、社会学、ジェンダー研究、ポスト／コロニアリズム、セクシュアリティ。
　論文に「日本軍『慰安所』制度とセクシュアリティ：日本軍将兵による『戦争体験記』に着目して」（『コリア研究』第4号）がある。

今田真人（いまだ・まさと）
　1955年、広島市生まれ。名古屋大学文学部史学科卒業。元「しんぶん赤旗」記者（社会部、経済部などの記者を歴任）。2011年6月からフリー・ジャーナリスト。
　著書に『円高と円安の経済学――産業空洞化の隠された原因に迫る』（かもがわ出版）、『緊急出版・吉田証言は生きている――慰安婦狩りを命がけで告発！初公開の赤旗インタビュー』（共栄書房）。

徐京植（ソ・キョンシク）
　京都市生まれ。在日朝鮮人。作家、東京経済大学教授。
　主な著書に『植民地主義の暴力』『詩の力』（以上高文研）、『新版プリーモ・レーヴィへの旅』（晃洋書房）、『在日朝鮮人ってどんなひと？』（平凡社）、『越境画廊』論創社、『ディアスポラ紀行』（岩波新書）、『私の西洋美術巡礼』『私の西洋音楽巡礼』（以上みすず書房）、高橋哲哉との共著書『断絶の世紀証言の時代』（岩波書店）など。

前田朗（まえだ・あきら）―編著
　札幌生まれ。大和民族。東京造形大学教授、朝鮮大学校法律学科講師、日本民主法律家協会理事。ヘイトスピーチとレイシズムを乗り越える国際ネットワーク共同代表。
　主な著書に『戦争犯罪論』『人道に対する罪』（以上青木書店）、『増補版ヘイト・クライム』『ヘイト・スピーチ法研究序説』（以上三一書房）、編著訳書に『なぜ、いまヘイト・スピーチなのか』（三一書房）、ラディカ・クマラスワミ『女性に対する暴力』（明石書店）、『戦時性暴力を裁く―国連マクドゥーガル報告書』（凱風社）など。

編集部から

2014年5月、朝日新聞大阪本社の記者から三一書房編集部に『私の戦争犯罪』の著者、吉田清治氏に関して取材したい。担当編集者か、当時を知る関係者に話を聞けないだろうか。また三一書房では、同書について、いまどう評価しているだろうか」と電話での問い合わせがあった。

それに対して「(朝日新聞は)吉田氏の証言についてその真偽の調査が必要であると判断していたなら、なぜ存命中にその確認作業を行わなかったのか。しかも、吉田氏本人が亡くなって確かめようもない今頃になってから事実かどうか確認を行うというのは報道機関として不誠実なのでは? あなた自身、おかしいと思わないのか」と逆に問いかけた。記者は「ごもっともです」と答え、そこで会話は切れた。

この時に感じた違和感をどう説明したらいいだろうか。取材の電話をかけてきた記者には、私の言っていることが通じているとその時には感じた。しかし、記者はそれ以上何も説明をしなかった。産経新聞や読売新聞など、これまで「従軍慰安婦」強制連行について否定的な報道をしてきた媒体ならともかく、なぜ、朝日新聞がこのような電話取材(実にアリバイ的な)を行うのか、言い知れぬ不快な感覚を持ったのを覚えている。

この取材から3ヶ月が経過した同年8月5日、朝日新聞は唐突ともいえる形で吉田氏の証言、朝鮮人強制連行についての「検証記事」を掲載し、関連記事を「虚偽」であったとして取り消した。電話取材を受けた当時はそんな事態が進行しているとは知らず、朝日新聞の記者がなぜこの時期にこのような取材を、と不審に思っていたが、「こういうことだったのか」と妙に腑に落ちた思いだったことを記憶している。

一つひとつの書籍について様々な意見があるのは前提であって、異論反論を含めた意見が出るのは当然である。もちろん、具体的な対応が必要だと著者と出版社が判断した際には相応の対応をすることもあるが、基本的には出版社は著者との信頼関係で書籍を出版する。著者が亡くなっていて確認ができない中で、しかも刊行後相当な時間を経た書籍の評価を、版元が独自に行うことなどありえない。

三一書房では、1998年末から労働争議がおきており、それと連動して企業乗っ取りを企てた「事件屋」による介入があり、OB、OGらを中心とした株主さえも全社員（全組合員）とともに文字通り「ロックアウト」されていた。

当時、解雇・ロックアウトに抗し、職場占拠の争議を闘っていた三一書房労働組合が、著者の皆さんに対して、個別に電話で報告を行っていた際のことである。

組合員編集者が、家永三郎氏と話した折に、同氏から「吉田氏のことが大変気になっている。この間の彼への攻撃に対して、しっかりと反論した方が良いのではないかと思う。ぜひ話を聞いてみてほしい」ということづけがあった。そこで編集者が吉田氏に直接電話連絡をしたところ、吉田氏と電話がつながり「家永さんのおっしゃるように、反論をしっかりとしておく必要を感じている。そうしたいという思いはある。しかし現在、体調が芳しくなく、思うようにそれができない」と言われていたとのこと。
解雇争議中であり、三一書房の業務にまったく関与できない中であったが、吉田氏はこの電話の数ヶ月後に亡くなっていたことが後になってわかった。争議がなければ違う対応もできたのではないかとも思い、残念でならない。
今田真人氏の「しんぶん赤旗」記者時代の吉田氏インタビューの経緯をまとめた著作『緊急出版・吉田証言は生きている』（共栄書房）掲載のインタビューや検証を読むと、さらにその感を強く持つ。

今回、本書の出版の企図である、朴裕河の『帝国の慰安婦』ほか、一連の「慰安婦」問題の著書とそれをめぐる日本での「評価」、ここにいたるまでの歴史認識の根本を問われる経緯を考えれば、朝日新聞の検証記事問題から、安倍首相の70年談話、今回の日韓「合意」へと、まるで目には見えない大きな筋書きがあるかのように感じる。そのさらに底流にはなんらかのつながりがあるのかどうか、『帝国の慰安婦』の日本語版が朝日新聞系列の版元（朝日新聞出版）からの刊行（２０１４年11月）であることや、やはり朴裕河が『和解のために』（平凡社）で朝日新聞が主催している大佛次郎論壇賞を受賞（２００７年）したことなどがある。

本書は当初、前田朗氏から、ブックレットでコンパクトな緊急出版の企画として提案があったのだが、この国の歴史認識そのものが地盤から崩れていく事態を前にして、予定を大幅に組み替えての出版となった。

2011年3月以降大きく広がった反原発運動や、その後の安保法制改悪反対運動も高揚する中で、同時に深刻な問題が見えている。

「右も左もない」、「戦後続いてきた平和な日本社会」、「集団的自衛権」に反対するための9条2項破棄論など、やはり前提として共有していなければならない、侵略と植民地支配の加害の歴史認識を持ち合わせているのかどうか、改めて自らに問いかける必要を感じる。

この間、「慰安婦」問題をはじめとした戦争責任、日本による侵略と植民地支配の歴史を、私たち日本人がこの70数年間の間にどのように検証し、総括し、教訓としてきたのか否か、中道、あるいは左派として取り組んできたはずの側が今まさに問われる事態である。

結果的に刊行は数ケ月遅れたが、とても重要な書籍となっているとあらためて思う。寄稿いただいたみなさんに感謝を申し上げたい。

2016年3月1日

三一書房編集部

「慰安婦」問題の現在 ―「朴裕河現象」と知識人―

2016年4月19日　第1版 第1刷発行

編著者―― 前田 朧 © 2016年

発行者―― 小番 伊佐夫

印刷製本― 中央精版印刷

装丁・DTP―― Salt Peanuts

発行所―― 株式会社 三一書房

〒101-0051

東京都千代田区神田神保町3-1-6

☎ 03-6268-9714

振替 00190-3-708251

Mail: info@31shobo.com

URL: http://31shobo.com/

ISBN978-4-380-16001-1　C0036　Printed in Japan

なぜ、いまヘイト・スピーチなのか——差別、暴力、脅迫、迫害

前田朗 編

北海道先住民、沖縄、被差別部落、在日朝鮮人、「慰安婦」…私たちが生きる日本社会を、悪意と暴力に満ちた社会にしないために——「ヘイト・スピーチ」を克服する思想を鍛えるガイドブック！

執筆：前田朗／安田浩一／冨増四季／金東鶴／古川雅朗／岡本雅享／阿部ユポ／西岡信之／中村一成／鵜飼哲／坪川宏子／金尚均／師岡康子

A5判　13009-0　1400円（税別）

増補新版 ヘイト・クライム——憎悪犯罪が日本を壊す

前田朗 著

「ヘイト・スピーチ」は言論ではなく暴力と迫害だ！　吹き荒れる差別排外主義に抗するために！

A5判　13012-0　1400円（税別）

闘う平和学——平和づくりの理論と実践

加藤朗・木村朗・前田朗 共著

国家が自ら秩序を破壊し、多くの戦争や地域紛争を引き起こす今、平和構築の理論と行動を問う

第一部　平和力養成講座
第二部　鼎談・平和づくりの理論と実践

四六判　14000-6　1700円（税別）

ヘイト・スピーチ法 研究序説

——差別煽動犯罪の刑法学

前田朗 著

本書はヘイト・クライム、ヘイト・スピーチ法研究の第一歩として、本格的検討の前提となる基礎知識を提供することを目的とする。これまでの研究では概念定義も不正確であり、時に恣意的な定義のもとに議論がなされてきた。憲法論の中のごく一部の狭い枠組みでの議論も目立つ。比較法研究も始まったばかりである。本質論抜きの法技術的解釈も目立つ。そうした現状を乗り越えるために、ヘイト・クライム／ヘイト・スピーチ法の議論に不可欠な最低限の基礎知識を紹介し、その土俵づくりを目指す。

A5判　15000-5，8000円（税別）

ボクの韓国現代史 1959-2014

ユ・シミン 著　萩原恵美 訳

—同時代を息を切らしつつ駆け足で生きてきた　すべての友へ—

韓国で20万部を突破した注目の書！　ノ・ムヒョン大統領政権下で保健福祉相を務め、引退後はライターとして活躍する柳時敏《ユシミン》が著す、日本人が知らなかったリアルな韓国現代史。

日本語版読者へ／はじめに　リスキーな現代史／プロローグ　プチブル・リベラルの歴史体験／第1章　歴史の地層を横断する　1959年と2014年の韓国／第2章　4・19と5・16　難民キャンプで生まれた二卵性双生児／第3章　経済発展の光と影　絶対貧困、高度成長、格差社会／第4章　韓国型の民主化　全国的な都市蜂起による民主主義政治革命／第5章　社会文化の急激な変化　モノトーンの兵営から多様性の広場へ／第6章　南北関係70年　偽りの革命と偽りの恐怖の敵対的共存／エピローグ　セウォル号の悲劇、僕らの中の未来

四六判　15009-8　2500円（税別）

ソウル1964年冬 —金承鈺短編集—

キム・スンオク 著　青柳優子 訳

本邦初刊行。厳しい軍事独裁政権を生きぬいた秘かな芸術的抵抗としての表題作他、本邦初訳の6作品と新訳の3作品を収める。

◎1．ヤギは力が強い　2．乾（ケン）　3．お茶でも一杯　4．霧津紀行　5．力士（力持ち）　6．夜行　7．妹を理解するために　8．彼と私　9．ソウル1964年冬　作品解説　年譜　韓国現代史。

四六判　15003-6　2200円（税別）